فلمی دنیا: قلمی جائزہ

(تبصرے/تجزیے)

مکرم نیاز

© FarhaSadia
Filmi Dunya Qalmi Jaiza (movie reviews)
by: Mukarram Niyaz
Edition: August '2022
Publisher: FarhaSadia, Hyderabad, India.
Printer: Taemeer Publications, Hyderabad.

ISBN 978-93-5701-277-5

9 789357 012775

© فرح سعدیہ

فلمی دنیا: قلمی جائزہ (تبصرے، تجزیے)	:	کتاب
مکرم نیاز	:	مصنف
تنقید و تبصرہ	:	صنف
فرح سعدیہ (حیدرآباد، انڈیا)	:	ناشر
تعمیر ویب ڈیولپمنٹ، حیدرآباد	:	تزئین و اہتمام
۲۰۲۲ء	:	سالِ اشاعت (اول)
(پرنٹ آن ڈیمانڈ)	:	تعداد
تعمیر پبلی کیشنز، حیدرآباد - ۲۴	:	طابع
۱۲۰	:	صفحات
مکرم نیاز	:	سرورق ڈیزائن
حسرت جہاں آرٹ	:	سرورق خطاطی

انتساب

ان دو عزیز شخصیات کے نام

جنہوں نے فلموں کے ذوق، معیار اور تحسین و تنقید

کے حوالے سے میری کافی رہنمائی کی

چچا جان (مرحوم)   سید منیر

ماموں جان (مرحوم)   سید نوری پاشا

سوانحی خاکہ

نام	:	سید مکرم نیاز
والد	:	سید رؤف خلش (مرحوم)
تاریخ پیدائش	:	۱۳؍ مئی ۱۹۶۸ء (حیدرآباد، تلنگانہ)
تعلیمی لیاقت	:	بی۔ای، سول انجینئرنگ (عثمانیہ یونیورسٹی؍۱۹۸۹ء)
ملازمت	:	اسسٹنٹ ایگزیکٹیو انجینئر (محکمہ عمارات وشوارع، حکومت تلنگانہ، حیدرآباد۔)

ھامات العقاریہ، ریاض، سعودی عرب (۲۰۰۵ء تا ۲۰۱۶ء)

دیگر ملازمتیں، ریاض، سعودی عرب (۱۹۹۵ء تا ۲۰۰۵ء)

تصنیف (شائع شدہ)	:	راستے خاموش ہیں (افسانوں کا مجموعہ)
زیرِ ترتیب	:	(۱) حیدرآباد دکن: کچھ یادیں کچھ جھلکیاں (تعارفی؍تحقیقی مضامین)

(۲) انشائیوں کا مجموعہ

<table>
<tr><td>انٹرنیٹ پر فروغِ اردو</td><td>:</td><td>٭ اردو کارٹون ویب سائٹ (اولین کارٹون کامکس اردو ویب سائٹ)</td></tr>
</table>

[www.urdukidzcartoon.com]

٭ تعمیر نیوز (علمی ادبی ثقافتی اردو ویب پورٹل) [www.taemeernews.com]

٭ بالی ووڈ اردو فلمی نغمے [www.songsinurdu.blogspot.com]

رہائش	:	H.No. 16-8-544, New Malakpet,

Hyderabad, Telangana. – 500024

رابطہ	:	ای-میل؛ *taemeernews@gmail.com*

موبائل؛ 08096961731

فہرست

انسان کی نفسیات کو سمجھنا کبھی بھی آسان نہیں رہا۔ دیگر جذبوں کے مقابل انسان کی فطرت میں ایک تفریح کا جذبہ پوری شدت سے اس کے حواس کو مسخر کرتا آرہا ہے۔ اس تفریحی جذبے سے اسے ذہنی آسودگی حاصل ہوتی ہے۔ فلم اور سینما ایک ایسا پُر قوت اور پُر اثر میڈیا ہے جو انسانی حواس کو پوری توانائی کے ساتھ مسحور کر لیتا ہے اور انسان چند لمحوں کے لیے، چند گھڑیوں کے لیے، سینما گھر کی نشست پر بیٹھ کر پردۂ سیمیں پر نظریں گاڑے تمام دنیاوی آلام اور فکروں سے بے نیاز ہو کر خود کو محض تفریح کا اسیر کر لیتا ہے۔

(رشید انجم، ماخوذ از تصنیف: <u>ادب سے فلم تک</u>، سنِ اشاعت: ۲۰۱۷ء)

منظر کی جستجو ہے تو باہر نکل کے آ

مکرم نیاز

اپنی پہلی کتاب (راستے خاموش ہیں، منتخب افسانوں کا مجموعہ) کے برعکس اس دوسری کتاب کا موضوع نہ صرف الگ ہے بلکہ اس کی اشاعت کی وجوہات بھی کچھ مختلف رہی ہیں۔

راقم الحروف کے قائم شدہ اردو ویب پورٹل "تعمیر نیوز" کے ماہانہ انعامی تحریری مقابلے میں شرکت کی خاطر کچھ عرصہ قبل دو فلمی مضامین ایسے موصول ہوئے جنہوں نے مسرت آمیزی کے ساتھ کسی قدر رنج میں بھی مبتلا کیا۔ خوشی ہوئی کہ اردو کی ہماری نئی نسل فلمی صحافت [cine journalism] کی جانب بھی متوجہ ہے اور دکھ اس بات کا کہ اس میدان میں مطلوب معیار تک پہنچنے سے ابھی وہ قاصر ہے۔

اس موضوع پر اپنے چند قریبی دوستوں سے جب مکالمہ ہوا تو نوجوان صحافی اختر حسین ترمذی نے انکشاف کیا کہ اخبارات و رسائل کی انتظامیہ نے فلم و کھیل جیسے موضوعات پر لکھنے والوں کی کبھی کوئی حوصلہ افزائی نہیں کی، بلکہ یہی ترغیب دلائی کہ قومی و بین الاقوامی سیاسی سماجی موضوعات پر ہی توجہ مرکوز رکھی جائے۔

اسی طرح تانڈور (تلنگانہ) کے ممتاز صحافی یحیٰی خان نے ماضی قریب کے قلمکار جیسے سلطان سجانی (مرحوم)، متین صدیقی (مرحوم) اور عبدالسلام کی یاد دلائی جنہوں نے اپنے دلچسپ، مفید اور معلوماتی فلمی مضامین کے ذریعے حیدرآباد کے اردو اخبارات میں اپنی شناخت قائم کی۔

ہفت روزہ "گواہ" (حیدرآباد دکن) کے بانی و مدیر اعلیٰ ڈاکٹر فاضل حسین پرویز نے بھی یحیٰی خان کی طرح جہاں فلمی موضوعات پر طبع آزمائی کی وہیں متعدد نامور و مقبول فلمی شخصیات کے انٹرویوز بھی کیے ہیں۔ ڈاکٹر صاحب نے تو اس میدان میں اپنی پہچان بنانے والے کئی فراموش کردہ ناموں کو

بلا توقف گنا دیا جیسے ۔۔۔ سلطان احمد، ناظر حسین عزیز، حمید الدین محمود، علی مرزا، الیاس احمد برنی (فلمی تصویر)، اعجاز قریشی، ضیاء حبیب، عتیق احمد صدیقی، مسعود انصاری، خورشید احمد بھونگیری، بہبود مرزا وغیرہ۔

قومی سطح کا اردو فلمی منظر نامہ بڑی مایوس کن صورتحال کا شکار ہے۔ انیس امروہوی صاحب کے فلمی کالم ہر ہفتہ یہ پابندی شائع ہوتے تو ہیں مگر وہ زیادہ تر آج سے ساٹھ ستر سال قبل کی فلمی دنیا کا احاطہ کرتے ہیں۔

سوشل میڈیا نے فلمی صنعت اور او۔ٹی۔ٹی پلیٹ فارم کی کارکردگی پر تبصرہ و تجزیہ کرنے والوں کی ایک نئی اردو دو نسل کو سامنے لایا ہے جس میں غالب اکثریت پڑوسی ملک پاکستان کے قلمکاروں کی ہے۔ حیرت انگیز بات تو یہ ہے کہ اس نسل نے ہالی ووڈ کے ساتھ ساتھ بالی ووڈ، جنوبی ہند کی فلموں اور او ٹی ٹی کے سیریز رسیز نزکا وقیع جائزہ لیا ہے جو قارئین کو متاثر بھی کرتا ہے اور لکھنے والے کی تحسین و ستائش پر مجبور بھی۔ پاکستان کے سینئر کالم نگار عامر ہاشم خاکوانی اور عابد میر کے علاوہ جو اس سال قلمکار ذوالفقار علی زلفی، اقبال خورشید اور احمد خلیق جیسے چند نام فیس بک پر اس حوالے سے خاصے معروف ہیں۔ اسی ضمن میں فیس بک کے کچھ فلمی گروپ کا تذکرہ بھی ضروری ہے جن میں سرفہرست "موویز پلانیٹ [Movies Planet]" نامی گروپ ہے جس کے ہزار ہا اراکین ہیں۔ سچ کہا جائے تو اسی گروپ کی تحریروں سے متاثر ہو کر کچھ برس قبل راقم الحروف نے بھی فلمی صحافت کے اس شعبہ کی جانب توجہ کی۔ بلکہ اصل وجہ یہ رہی کہ مذکرہ گروپ میں ہندوستانی قلمکاروں کی گنی چنی تعداد نے دلگرفتہ کیا تھا۔ معقول و معتبر تبصرہ و تجزیہ کرنے والے دو قلمکار زیادہ فعال نظر آتے ہیں۔ نوجوان صحافی حفظ الرحمٰن (ممبئی) اور صدف زبیر (پٹنہ)۔ چند دن قبل حفظ الرحمٰن سے مکالمہ کرتے ہوئے جب پوچھا کہ ہند کے اردو اخبارات میں فلمی مضامین لکھنے والوں کی تعداد کیوں ختم ہوتی جا رہی ہے؟ تو انہوں نے جواب کہا کہ معاوضہ نہ ملے تو کوئی مفت میں کیوں اپنا قیمتی وقت ضائع کرے؟ شاید یہی وجہ ہو کہ پروفیشنل سطح پر لکھنے والے ختم ہوتے جا رہے ہیں۔ اس میدان میں ہندوستان سے اردو کی نمائندگی کا بیڑہ اٹھاتے ہوئے جب راقم الحروف نے فلمی تبصرے و تجزیہ پر مبنی اپنے مضامین

پیش کرنے شروع کیے تو انہیں کافی پذیرائی حاصل ہوئی۔ خصوصاً تحریر کے جداگانہ انداز و اسلوب کی تعریف نے زیادہ سے زیادہ لکھنے کی جانب راقم کے قلم کو مہمیز کیا ہے۔

اس کتاب کے بیشتر مضامین فیس بک کے علاوہ راقم کے بلاگ اور ویب سائٹ پر شائع ہو چکے ہیں۔ ہاں، یہ بتانا ضروری محسوس ہوتا ہے کہ اس کتاب کے مشمولات کوئی روایتی تبصرے یا تجزیے نہیں ہیں۔ اس میں قاری کو زماں و مکاں کے مختلف دور کا ذکر بھی ملے گا اور فرد کے ذاتی تاثرات بھی۔ کیونکہ میرے خیال میں باکس آفس کلیکشن، عوامی رجحانات اور اپنا ذاتی تجزیہ ایک دوسرے سے جڑے بھی ہیں اور ایک دوسرے سے الگ بھی۔

یہ بات یاد رکھی جانی چاہیے کہ کسی فلم کا خلاصہ پیش کر دینا یا باکس آفس اعداد و شمار کی بنیاد پر کسی فلم کو ہٹ یا فلاپ قرار دینا، فلمی صحافت نہیں کہلاتا۔ ایسی معلومات تو وکی پیڈیا یا فلمی اعداد و شمار کی کچھ دیگر ویب سائٹس پر مل ہی جاتی ہیں۔ ایسے تبصروں سے نہ فلم دیکھنے کی ترغیب ملتی ہے اور نہ سنے جرنلزم کا فروغ یا ترقی ہو پاتی ہے۔ اس تعلق سے ایک مبصر محمد عادل کا یہ کہنا عین بجا ہے کہ کسی فلم کے باکس آفس کلیکشن یا دیگر ٹیکسٹبی معاملات پر متعین کردہ میکانکی رائے، تبصرہ کہلانے سے زیادہ "فلو آف انفارمیشن" ہی کہلائے گا۔

کسی فلم یا فلمی ستارے کی خامیاں، خوبیاں، کمی زیادتی جو بھی بیان کی جائیں ان میں خود کے احساسات، ذاتی مشاہدے اور معلومات کا کسی حد تک دخل ضرور ہونا چاہیے۔ کیونکہ ہمہ جہت مزاج کے مبصرین کی مختلف آراء کے سہارے ہی غیر جانبدارانہ و منصفانہ جائزہ لینے میں کسی عام ناظر یا قاری کو آسانی ہوتی ہے۔

فلم "نکاح" (۱۹۸۲ء) کے تفصیلی جائزہ پر فیس بک کے ایک قاری خرم امتیاز نے جو تبصرہ کیا ہے، اس پر فلمی صحافت کے نوجوان طلبا و صحافیوں کو ضرور غور کرنا چاہیے۔ خرم امتیاز لکھتے ہیں:

"۔۔۔ اسی طرح کے فلم ریویو کو پڑھ کر سمجھنا چاہیے کہ فلم ریویو آخر ہوتا کیا ہے۔ کسی پرانی بالی وڈ فلم پر تجزیے کیلئے کہانی، فلم میکنگ، اداکاری کے ساتھ بیک وقت فلم سے جڑے افراد کا اپنا بیک گراؤنڈ، موسیقی کی سمجھ بوجھ اور موسیقار رہد ایتکار کی اگلی پچھلی ہسٹری اور اسی موضوع کا احاطہ کرتی دیگر فلموں کے تذکرے کے بغیر مکمل تجزیہ پھیکا محسوس ہوتا ہے۔"

اس پیش لفظ میں جتنی موقر شخصیات کے اسمائے گرامی کا ذکرِ خیر کیا گیا ہے، میں ان تمام کا دلی شکر گزار ہوں بالخصوص یحیٰی خاں اور ڈاکٹر فاضل حسین پرویز۔ اپنے قدیم دوست اور ادبی رسالہ "اثبات" کے مدیر اشعر نجمی کا خصوصی شکریہ کہ میری گذارش پر انہوں نے اس کتاب اور مصنف کا مختصر تعارف تحریر فرمایا۔ ایک تیکنیکی مجبوری کے باعث اس تعارف کا انگریزی ترجمہ بھی پس ورق پر دیا گیا ہے جس کے لیے میں اپنے عزیز دوست جاوید نہال حشمی کا ممنون ہوں۔ اپنے دفتری کولیگ سومیا چتالوری (اسسٹنٹ ایگزیکٹو انجینئر) کا ممنون ہوں کہ ساؤتھ انڈیا فلم انڈسٹری سے متعلق وہ اپ-ڈیٹس دیتی رہتی ہیں۔ کتاب کی ناشر اور اپنی اہلیہ کے شکریے کے بغیر بات مکمل نہیں ہو سکتی کہ فلم و کتاب سفر میں انہی کی رفاقت اور باریک بینی کے باعث کوئی غیر معیاری یا غیر مہذب لفظ/فقرہ شامل ہونے کی جرات نہ کر سکا۔

امید ہے کہ یہ کتاب فلمی صحافت کے طلبا اور شیدائیوں کے ساتھ ساتھ عام قاری کے لیے بھی مفید ثابت ہو گی۔ اردو فلمی صحافت کی نئی نسل کے نام، غیاث متین کے ان اشعار کے ساتھ یہ کتاب معنون ہے:

کاغذ اچھال کر ذرا تیور ہوا کے دیکھ
کشتی کو پھر ہوا کے مخالف چلا کے دیکھ
منظر کی جستجو ہے تو باہر نکل کے آ
پھل چاہیے تو پیڑ، ذرا سا ہلا کے دیکھ

۱۵؍ اگست ۲۰۲۲ء

حیدرآباد دکن (انڈیا)

فلم کا نام: سوپر ۳۰ || Super 30

تاریخ ریلیز: ۱۲؍ جولائی ۲۰۱۹ء

فلم کی نوعیت: بائیو گرافی، ڈراما

ڈائریکٹر: وکاس بہل [Vikas Bahl]

تحریر کردہ: سنجیو دتا [Sanjeev Dutta]

موسیقی: اجے-اتل [Ajay-Atul]

مرکزی اداکار: رتھک روشن، مرنال ٹھاکر، پنکج تریپاٹھی

فلم کی ریٹنگ: IMDB 7.9

منظر : ۱

سوپر-۳۰: ایجو کیشن کے موضوع پر بالی ووڈ کی ایک نمایاں فلم

ایجو کیشن کے موضوع پر بالی ووڈ کی حالیہ فلمیں "ہچکی" اور "نوٹ بک" کے بعد اسی ہفتہ ریلیز ہوئی رتھک روشن کی یہ فلم بھی اس موضوع پر ایک نمایاں، شاندار اور یادگار اضافہ ہے۔

ہندوستان میں اعلیٰ تعلیمی اداروں (آئی آئی ٹی ر این آئی ٹی ر ٹرپل آئی ٹی) میں تعلیمی مسابقتی امتحان (جے۔ای۔ای، مینس اور ایڈوانس) کے ذریعے داخلہ اور اس امتحان کی تیاری میں کوچنگ انسٹی ٹیوٹس کا کردار۔۔۔ یہ آج کے تعلیمی مسابقتی دور کا سلگتا مسئلہ ہے۔

مذکورہ فلم گو کہ عوامی زندگی کے ایک حقیقی کردار (صوبہ بہار کے میتھمیٹکس جینئس آنند کمار) کے حالات کی عکاسی ہے مگر اس فلم کے ذریعے ہندوستان کے تعلیمی نظام کی خامیوں کو نہ صرف اجاگر کیا گیا ہے بلکہ طبقاتی تقسیم کے مسائل اور کمزوریوں کو بھی سامنے لایا گیا ہے۔

آج کا انسان خود اپنے خانگی اور خارجی مسائل میں اس قدر گرفتار ہے کہ اسے دوسروں کی جدوجہد، کارناموں اور کامیابی ر ناکامی کے متعلق جاننے کے لیے بہت کم موقع ملتا ہے۔۔۔ اور آج کل ایسے نادر مواقع بھی سوشل میڈیا یا انٹرٹینمنٹ میڈیا (فلم ر ٹیلیویژن) کے ذریعے ہی ملتے ہیں۔ بالی ووڈ اس لحاظ سے قابل تعریف ہے کہ حالیہ دور میں اس نے سماجی موضوعات پر توجہ دیتے ہوئے عوام کی ذہنیت سازی کا بیڑہ اٹھایا ہے۔ "آرٹیکل ۱۵" کے بعد "سوپر-۳۰" اس کی تازہ مثال ہے۔

اس فلم کے متعلق ارسلان لیاقت در یشنک ارسل نے بالکل صحیح لکھا ہے کہ:

"یہ فلم میتھ کے سپر جینیئس ٹیچر آنند کمار اور اُن کے ۳۰ سپر اسٹوڈنٹس کے متعلق ہے جو غلامی، لاچاری، غربت اور طعنے دیتے ہوئے معاشرے سے بھاگ کر آتے ہیں۔ یہ فلم نہ صرف ایک غریب

لیکن محنتی انسان کی جدوجہد کو د کھاتی نظر آتی ہے بلکہ معاشرے میں جنم لیتی ایجو کیشن مافیا کے بارے میں بھی بتاتی ہے کہ ۔۔۔ کس طرح کچھ بد دیانت اور گھٹیا ذہن لوگ تعلیم کو ایک مستقل کاروبار بنا کر سادہ لوگوں کو پڑھائی کے نام پر ڈرا اور دھمکا رہے ہیں اور معصوم طلبا اور ان کے سرپرستوں کو بڑے بڑے خواب دکھا کر اُن سے لاکھوں روپے ٹھگ رہے ہیں۔"

فلم پنڈتوں کے مطابق یہ فلم رتھک روشن کی ایسی چند یاد گار فلموں میں شمار ہو گی جس میں انہوں نے منفرد اور لازوال کردار نگاری کا جادو جگایا ہے۔

میں اس فلم کو ذاتی طور پر پانچ میں سے ساڑھے چار ستارے دینا چاہوں گا۔

☆ ☆ ☆

فلم کا نام: ہیلی کاپٹر ایلا || Helicopter Eela

تاریخِ ریلیز: ۱۲/ اکتوبر ۲۰۱۸ء

فلم کی نوعیت: ڈراما

ڈائریکٹر: پردیپ سرکار [Pradeep Sarkar]

تحریر کردہ: متنیش شاہ [Mitesh Shah]

موسیقی: امیت – راگھو [Amit-Raghav]

مرکزی اداکار: کاجول، ردھی سین

فلم کی ریٹنگ: IMDB 5.4

منظر : ۲

ہیلی کاپٹر ایلا-ماں اور بیٹے کے رشتے پر مبنی دلچسپ کہانی

پرانے شہر (حیدرآباد، انڈیا) میں کئی سینماگھر معروف و مقبول رہے ہیں جن میں سے چند آج بھی 'زندہ' ہیں۔ اسٹیٹ (نایاپل)، کرشنا (گلزار حوض)، آشا (شاہ علی بنڈہ)، شمع (جہاں نما)، سورج (اعتبار چوک) اور یاقوت محل (یاقوت پورہ) میں کئی فلمیں ۸۰-۹۰ کی دہائی میں دیکھی تھیں، بس دیکھا نہیں تو سدھا (۳۵؍ ۰ ۷ ایم ایم) میں، جو پرانے شہر کے منفرد و متنازعہ ہندو اکثریتی محلے لال دروازہ میں قائم تھی۔ پچھلے دنوں ایک دوست نے بتایا کہ جدید کاری کے بعد اسے سنے پولس (cinepolis) نے خرید لیا ہے، ایک بار ضرور چکر لگائیں۔ دسہرہ کی چھٹیاں اور گھر پر بچوں اور ان کے کزنز کا شبانہ روز ہنگامہ۔۔۔ ان در جن بھر بچوں نے فیصلہ سنایا کہ انہیں کوئی فلم دکھائی جائے۔

سنے پولس، آئی نوکس، آئی میکس سے بڑی شکایت یہی ہے کہ اشیائے خورد و نوش یہاں پر نہایت مہنگی فروخت ہوتی ہیں۔۔۔ جو کافی ۲۵؍ ۳۰ میں عام ریسٹورنٹ میں ملتی ہے وہ یہاں ۸۰ روپے میں، دس روپے والا سموسہ ۷۵ میں، ۴۰ روپے والا پاپ کارن ۱۵۰ میں اور دس روپے والی چھوٹی پانی کی بوتل ۴۰ میں۔ پتا نہیں سرکار کا کنٹرول کیوں نہیں ہے اس معاملے میں؟

بہر حال قدیم سدھا تھیٹر کو نئے پیرہن میں دیکھ کر حیرت انگیز خوشی ہوئی۔ صاف ستھرا ماحول، بین الاقوامی معیاری مینٹیننس، فرحت بخش سینماہال، عمدہ اسکرین اور آرام دہ نشستیں۔ پرانا شہر بھی ترقی کر گیا ہے، واہ!

اور یہاں دیکھی گئی فلم کا نام ہے: ہیلی کاپٹر ایلا

٭٭٭

اس فلم سے قبل ہی کاجول بچوں نے کاجول ہی کی فلم "ٹون پور کا سوپر ہیرو (اجے دیوگن)" بہت پسند کی تھی جو ۲۰۱۰ء میں ریلیز ہوئی تھی اور انیمیشن کے سہارے بنائی گئی بچوں کی فلم تھی۔ "ہیلی-کاپٹر ایلا"، جو کہ 'آنند گاندھی' کے ایک گجراتی تھیٹر ڈرامے سے اخذ شدہ ہے، ماں اور بیٹے کے رشتے پر مبنی دلچسپ کہانی ہے۔ بالی ووڈ نے تارے زمین پر، دنگل، سیکرٹ سوپر اسٹار، فنے خان جیسی فلموں کے ذریعے بچوں کی تربیت اور نفسیات کے موضوعات کو برتنے کی جرات دکھائی ہے۔ اب اسی زمرے میں کاجول کی اس فلم کو بھی شامل کیا جانا چاہیے۔

اکیلی ماں (سنگل پیرنٹ کا ترجمہ) کالج میں زیرِ تعلیم اپنے اکلوتے نوجوان بیٹے کے لیے کس قدر فکر مند رہتی ہے، فلم کی بنیاد تو ہے ہی مگر متوازی کہانی خود اس ماں کی بھی ہے جسے گلوکاری کے اپنے شوق کو عرصہ دراز بعد احیا کرنے کی ترغیب ملتی ہے۔

انٹرول سے قبل کا حصہ ۹۰ کی دہائی کی فلموں اور پاپ گیتوں کی یاد دلا تا ہے، اور یہ حصہ غیر ضروری طور پر طویل اور بور بھی محسوس ہوتا ہے۔۔۔ (جبکہ حال کی ایک اور فلم "اندھا دھند" میں بھی ۷۰ کی دہائی کی فلمیں اور فلمی نغموں پر مبنی دوردرشن کے مقبول پروگرام چترا ہار کی جھلکیاں دلچسپ انداز میں پیش کی گئیں اور اچھی بھی لگتی ہیں)۔

البتہ فلم کے دوسرے حصے میں بیٹے ویوان (بنگالی فلم 'نگر کیرتن' کا قومی ایوارڈ یافتہ نوجوان اداکار ۱۹ سالہ "ردھی سین") کی جذباتی، برجستہ اور قابلِ داد اداکاری متاثر کن ہے اور دیکھنے کے قابل بھی۔

ہر چند کہ فلم کے ہر فریم پر کاجول کی گرفت بجا طور سے محسوس کی جاسکتی ہے (شاید اس کا سبب یہ بھی ہو کہ فلمساز کاجول کے شوہر نامدار اجے دیوگن ہیں اور فلم خود بھی اجے دیوگن کی پروڈکشن کمپنی کے بینر تلے ریلیز کی گئی ہے)۔

فلم کو بس تفریح کے ایک ذریعے کے طور پر لیجیے۔۔۔ اگر دو چار اچھی باتیں سیکھنے کو ملیں تو ویری گڈ۔ لیکن یہ سمجھنا کہ کسی فلم سے انسانی نفسیات یا اخلاقیات یا سماجی رویے سیکھے مکمل طور پر جا سکتے ہیں تو یہ ذرا بے تکی بات ہے۔ عامر خان کی تینوں فلموں (تارے زمین پر، تھری ایڈیٹس، دنگل) نے دھوم مچائی اور خوب تعریف و تحسین سمیٹیں مگر غور کیجیے تو تینوں فلموں میں بیان کردہ انسانی رویے یا

اصلاحی مشورے یکسر ایک دوسرے سے متضاد تھے۔۔۔۔

لہذا کہنا یہی ہے کہ فلم کو بس فلم کی حد تک رکھیے۔

اولاد کتنی بھی بڑی ہو جائے والدین ان پر نظر رکھنے کی ذمہ داری اور ان کی مناسب و موزوں تربیت سے کبھی بھی مبرا نہیں ہو سکتے۔ فرد کی آزادی (پرائیویسی) مادر پدر آزاد نہیں بلکہ ہر مذہب و معاشرے میں چند بابندیوں کے ساتھ ہے!!

☆ ☆ ☆

فلم کا نام: عوام||Awam

تاریخ ریلیز: ۳۱؍اگست ۱۹۸۷ء

فلم کی نوعیت: ایڈونچر، تھرلر

ڈائریکٹر پروڈیوسر: بی آر چوپڑہ [B. R. Chopra]

موسیقی: روی [Ravi]

مرکزی اداکار: اشوک کمار، راجیش کھنہ، راج ببر، سمیتا پاٹل، نانا پاٹیکر

فلم کی ریٹنگ: IMDB 5.4

منظر : ۳

فلم 'عوام' اور بالی ووڈ کا قدیم غیر متعصبانہ دَور

پہلے کچھ تمہیدی کلمات۔

تقریباً تین/ساڑھے تین دہائی قبل ۔۔۔ جب موبائل نہیں تھا، اسمارٹ فون نہیں تھے، ٹی وی چینلوں کی باڑھ نہیں تھی، یو-ٹیوب/ٹک-ٹاک کلچر نہیں تھا۔۔۔ جو تھے تو بس اخبارات تھے، کتب و رسائل تھے، لائبریریاں تھیں، سینما تھیٹر تھے ۔۔۔ اور علمی ادبی تہذیبی ثقافتی گفت و شنید کے لیے خطوط نویسی واحد مشغلہ تھا۔

تو یہ اسی زمانے کا ایک خط ہے ۔۔۔ میرے یارِ دلدار جاوید نہال حشمی کا، جس کے دو پرانے خطوط کے اقتباسات کچھ عرصہ قبل راقم نے اپنی فیس بک ٹائم لائن پر پیش کیے تھے۔

پچھلے دنوں اور اب بھی ۔۔۔ کشمیر والے موضوع کی ایک متنازعہ فلم پر سوشل میڈیائی تذکرہ گرما گرم کیک کی طرح ہاتھوں ہاتھ بڑھتا اچھلتا رہا۔ مجھ جیسا بندہ عموماً ایسے انتشار پسندانہ موضوعات سے گریز بہتر سمجھتا ہے کیونکہ ؏

بدنام اگر ہوں گے تو کیا نام نہ ہو گا

کے مصداق مو گامبو مفت کی "تشہیر" پر خوش ہوتا ہے!

میرا رجحان عموماً یہ ہوتا ہے کہ اگر تبصرہ ضروری ہی ہے تو اس قسم کے منفی موضوع کی بات کم اور اس کے مقابل مثبت موضوع کا تذکرہ زیادہ ہو۔ تو اسی ضمن میں کل رات اچانک بالی ووڈ کی ۱۹۸۰ء کی دہائی کے اواخر کی ایک ایسی فلم کی یاد آ گئی جس پر یارِ عزیز نے اپنے ایک پرانے خط میں دلچسپ تبصرہ کیا تھا۔ کوئی سو ڈیڑھ سو خطوط میں سے اس ایک خط کو ڈھونڈ نکالنا یوں تو وقت طلب کام ہے مگر

جذبۂ جنوں کے آگے مشکل بھی نہیں۔

تو ملاحظہ فرمایئے ذیل میں بالی ووڈ کی ہندی فلم "عوام" پر تبصرہ جو انڈیا میں ۳۱؍اگست ۱۹۸۷ء کو ریلیز ہوئی تھی۔ ہدایت کار اور فلمساز تھے بی۔ آر۔ چوپڑہ، کہانی کار تھے راہی معصوم رضا اور اداکار تھے: اشوک کمار، راجیش کھنہ، راج ببر، سمیتا پاٹل، پونم ڈھلون، ناناپاٹیکر، افتخار، اوم شیوپوری، شفیع انعامدار اور سعید جعفری۔

۔*.* *

یہ خط ۲۴؍ستمبر ۱۹۸۷ کو ۲۴ پرگنہ (مغربی بنگال) سے حیدرآباد (دکن) ارسال کیا گیا تھا۔

مکتوب نگار: جاوید نہال حشمی

مکتوب الیہ: مکرم نیاز

۔*.* *

۔۔۔ابھی پچھلے ہی دنوں "عوام" دیکھا ہے۔ فلم بہت اچھی بنائی گئی ہے، لیکن ایک حیرت انگیز چیز دیکھنے میں آئی ہے۔ کہانی میں دکھایا گیا ہے کہ کچھ ضمیر فروش اور غدارِ وطن اپنے ذاتی مفاد کے لیے ہندوستان کو غیر ملکیوں کے ہاتھوں فروخت کرنے پر تلے ہوئے ہیں اور ملک میں انتشار برپا کرنے اور انار کی پھیلانے میں لگے ہوئے ہیں۔ لیکن ان سب کو بے نقاب کرنے، ان کی سازش کو ناکام بنانے اور ان کو گرفتار کرنے میں جن وطن پرستوں کا ہاتھ ہے وہ سب کے سب مسلمان ہیں سوائے ایک کے، یعنی صرف راجیش کھنہ جس نے ایک ہندو افسر کا رول کیا ہے۔

گرفتار ہونے والے ضمیر فروش غداروں میں سب ہندو ہیں اور انہیں پکڑنے والے سب مسلمان! جیسے ڈاکٹر شبنم (سمیتا پاٹل)، شاعر رفیق چور (راج ببر)، فریڈم فائٹر وحشت انصاری (اشوک کمار)، فوجی افسر مصطفیٰ احمد زیدی (ناناپاٹیکر) وغیرہ۔

ہندوستانی مسلمانوں پر جو پاکستان نواز ہونے کا آج کل الزام لگایا جاتا ہے، اس پوائنٹ پر بھی ایک اچھی بات کہی گئی ہے اس فلم میں۔ یار، اگر تم نے یہ فلم "عوام" نہیں دیکھی ہے تو اسے ضرور دیکھنا۔

پتہ نہیں اور میں نے توجہ بھی نہیں دی کہ اس فلم کے ڈائرکٹر، پروڈیوسر اور کہانی کار کون ہیں جنہوں

نے مذکورہ بالا حقیقتوں کا بڑا بولڈ ہو کر اعتراف کیا ہے۔ اور فرقہ پرست ہندوؤں کے دل و دماغ سے یہ غلط فہمی دور کرنے کی کوشش کی ہے کہ مسلمان سب Anti-India اور Pro-Pakistan ہوتے ہیں۔

٭٭٭

پس نوشت:

ہندوستان میں مسلمانوں کی موجودہ حالت اور ان پر سیاسی سماجی دباؤ کی بہتر عکاسی اگست ۲۰۱۸ء میں ریلیز ہونے والی فلم "ملک" میں بھی کی گئی ہے۔ اس فلم پر تبصرہ بھی اسی کتاب میں آگے شامل ہے۔

☆ ☆ ☆

فلم کا نام: ملک || Mulk

تاریخ ریلیز: ۳ر اگست ۲۰۱۸ء

فلم کی نوعیت: ڈراما

ڈائریکٹر، مصنف: انو بھو سنہا [Anubhav Sinha]

موسیقی: پرساد-انوراگ [Prasad-Anurag]

مرکزی اداکار: رشی کپور، تابسی پنو، اشوتوش رانا، پرتیک ببر

فلم کی ریٹنگ: IMDB 7.3

منظر : ۴

فلم 'ملک'۔ مسلمانانِ ہند کی موجودہ حالت کی بہتر عکاسی

جو بالی ووڈ فلم دیکھتے ہیں وہ اس جمعہ (۲۳؍اگست ۲۰۱۸ء) کو ریلیز ہونے والی فلم "ملک" ضرور دیکھیں۔ ہندوستان میں مسلمانوں کی موجودہ حالت اور ان پر سیاسی سماجی دباؤ کی بہتر عکاسی کی گئی ہے، فلم کا پیغام بھی موثر ہے۔

فلم کی شروعات اسی

خدا۱= جدا۱

لفظ سے ہوتی ہے۔

حیدرآباد کی اس سنے پولس تھیٹر میں مسلمان بھی تھے اور ہندو بھی اور ظاہر ہے ہندوؤں کی اکثریت تھی۔ کورٹ روم کے ایک سین میں، جب مرکزی مسلم کردار سے پوچھا جاتا ہے کہ۔۔۔ وہ اپنے ملک سے محبت اور وفاداری کو کیسے ثابت کرے گا؟ کردار کے جواب کے ایک مکالمہ پر بے ساختہ میں نے جب ایک تالی بجائی، تو تھیٹر کی بے شمار "غیر مسلم" سیٹوں سے بیک وقت تالیاں گونج اٹھیں۔۔۔۔

ابھی ہندوستان کے عوام میں سیکولرازم زندہ ہے!

وہ مکالمہ تھا:

میں یہاں تو کسی طرح ثابت کر دوں گا، اپنے اخلاق سے، انکم ٹیکس ادائیگی سے، رائے دہی سے۔۔۔۔ لیکن مجھے ایک اور جگہ بھی جواب دینے کی فکر کرنی ہوتی ہے : اوپر!!

جس نے بھی ہدایت دی ہے (سنا ہے ہدایتکار علیگ ہے)، اس نے مسلم معاشرے اور اسلامی تہذیب

کی خوب اسٹڈی کی ہوگی۔

حضرت بلال رضی اللہ عنہ کی پہلی اذان کا بھی ذکر کیا گیا اور کورٹ روم میں سرکاری وکیل کی طرف سے اذان کی درپردہ شکایت سونگم کی ٹوئٹ کی طرف واضح اشارہ ہے۔

رشی کپور کو میں نے کبھی موثر اداکار نہیں سمجھا مگر حالیہ دو سماجی فلموں میں (کہ جن کو دیکھنے کی رائے مذہبی طبقے کو بھی دی جانی چاہیے)

"ملک"

اور

"۰۲ اناٹ آؤٹ"

میں دو مختلف المزاج کرداروں کی رشی کپور نے نہایت عمدہ کردار نگاری کی ہے۔ اس قسم کے مسلم کیرکٹر عکاسی کا اول و آخر کریڈٹ اب تک تو صرف نصیرالدین شاہ کے پاس رہا تھا۔ خیر، موجودہ ملکی صورتحال کو مد نظر رکھتے ہوئے کہنا چاہیے کہ... اس قسم کی دو چار فلمیں بننی چاہیے۔ یہ اکثریتی عوام کے مزاج و سوچ کو بدلنے کے علاوہ تشدد مزاجی کے بڑھتے خطرہ کو بھی کم کرتی ہیں۔

راقم الحروف کے اس تجزیے پر تبصرہ کرتے ہوئے تانڈور (ضلع وقار آباد، تلنگانہ) کے ممتاز اور سینئر اردو صحافی جناب یحییٰ خان اپنے ایک فیس بک کمنٹ میں لکھتے ہیں:

اس فلم کے ہدایت کار انوبھوؤ سنہا ہیں جنہوں نے ۲۰۰۱ء میں 'تم بن' جیسی بہترین فلم بنائی تھی۔ واقعی ان دنوں فلم 'ملک' بہت چرچے میں ہے، جس دن یہ فلم ریلیز ہوئی (جمعہ کو) اس دن بی بی سی ہندی نے ممبئی کی تھیٹر میں فلم کے بعد ناظرین کے خیالات حاصل کئے۔ جتنے فلمی شائقین نے بھی بی بی سی سے بات کی انہوں نے اس فلم کی بہت تعریف کی ہے۔ ایک ہندو شخص کی آنکھوں میں تو آنسو آ گئے تھے اور اس کے منہ سے بات نہیں نکل پا رہی تھی (اس کا ویڈیو یوٹیوب پر اب تک لاکھوں لوگ دیکھ چکے ہیں)۔ ان تمام نے حکومت سے اپیل کی ہے کہ اس فلم کو ٹیکس فری کر دیا جائے اور دور درشن پر یہ فلم دکھائی جائے۔ یہ مطالبہ کرنے والوں میں ہندو بھائیوں کی تعداد زیادہ تھی۔

اس فلم پر پاکستان میں پابندی عائد کی گئی ہے، جس پر انو بھؤ سنہا نے وہاں کے لوگوں کو کھلا خط لکھا ہے کہ وہ پائریسی میں ہی سہی اس فلم کو کسی بھی طرح ضرور دیکھیں۔ اس فلم کی اداکارہ تاپسی پنو، رشی کپور اور آشوتوش رانا کی اداکاری کو خوب سراہا جا رہا ہے۔ فلم کی ریلیز سے قبل زی نیوز کے زہریلے اینکر روہت سر دھانا نے انو بھؤ سنہا، رشی کپور اور تاپسی پنو کو اپنے پروگرام 'تال ٹھوک کے' میں بلایا تھا، کئی زہریلے سوال کئے جس پر ان تینوں نے ایسے جوابات دیئے کہ اینکر کی بولتی بند ہو گئی اور چہرے پر ہوائیاں اڑنے لگیں۔ فلم 'ملک' کے تمام ناظرین کا یہ احساس ہیکہ اس فلم کی کہانی جاندار ہے اور اس کے ڈائیلاگس بھی خوب لکھے گئے ہیں۔ یاد رہے اس فلم کی ریلیز سے قبل ان تینوں کا سوشل میڈیا پر خوب Troll ہوا تھا اور اب بھی ہو رہا ہے۔ کسی نے بتایا کہ اس فلم کا اختتام عدالتی بحث کے ساتھ ہوتا ہے جس میں جج کہتے ہیں کہ کیلنڈر دیکھ لیں ۲۰۱۹ء قریب آ رہا ہے۔

بہر حال اس فلم کے بعد ایک نئی امید جاگی ہے کہ اس ملک میں دوبارہ امن و امان ہو گا اور مایوسی کے یہ بادل جلد چھٹ جائیں گے کیوں کہ اس ملک میں غیر مسلم بھائیوں کی بڑی تعداد آج بھی حق پرست اور سیکولر ذہن ہے اور وہ سب نوٹنکی کو دیکھ اور سمجھ رہے ہیں۔

☆ ☆ ☆

SOORARAI POTTRU

سورارئی پوٹرو

فلم کا نام (تمل): سورارئی پوٹرو || Hail the brave

تلگو نام: The sky is the limit

تاریخ ریلیز: ۱۲؍ نومبر ۲۰۲۰ء

فلم کی نوعیت: ڈراما، بایوگرافی، انسپائریشنل

ڈائریکٹر: سدھا کونگارا [Sudha Kongara]

فلمساز: سوریہ، گنیت مونگا

مرکزی اداکار: سوریہ، پریش راول، اپرنا بالامرلی

فلم کی ریٹنگ: IMDB 8.7

منظر : ۵

تمل فلم سورارائی پوٹرو- آسمان حد ہے

کورونا وبا نے رواں سال (۲۰۲۰ء) ہندوستانی فلم انڈسٹری کو بھی خاموش کر دیا۔ لیکن حیرت انگیز طور پر بالی ووڈ کے مقابلے میں جنوبی ہند کی فلمی صنعت کسی حد تک فعال ہو یا ہو رہی ہے، جیسا کہ ۔۔۔ کے۔ جی۔ ایف- ۲، آر۔ آر۔ آر، سالار اور ماسٹر جیسے بڑے بجٹ کی فلموں نے شائقین میں ہلچل مچا کر انہیں سوشل میڈیا پر بحث مباحثہ میں سرگرم کر رکھا ہے۔

ابھی چند دن قبل راقم نے ایک تقریب میں شرکت کی خاطر حیدرآباد (تلنگانہ) سے کرنول (آندھرا پردیش) کا سفر کیا تھا۔ ساڑھے تین تا چار گھنٹے کا یہ سفر بس کے ذریعے طے ہوا۔ گارودا اے۔ سی بس کی آرام دہ نشستیں اور پر سکون سفر ۔۔۔ ایسے میں عموماً یہی عادت رہی کہ موبائل میں وی۔ ایل۔ سی پلیئر پر ساٹھ تا اسی کی دہائی کے منتخب نغموں کی پلے-لسٹ بنائی اور ہیڈ فون کان پر چڑھا کر بیک-ٹو-پاسٹ!

اس بار بھی ایسا کرتے ہوئے سامنے لگے ٹی۔ وی پر نظر دوڑ رہی تھی کہ کچھ ہی دیر میں سانگ پلے۔ لسٹ کو بھول کر ٹی۔ وی والی فلم پر ساری توجہ مرکوز ہو گئی۔ گو کہ فلم تلگو میں تھی (اور ہماری تلگو بس کام چلاؤ لائق) لیکن انگلش سب-ٹائٹلس نے آسانی بھی فراہم کی۔ فلم تھی تمل سوپر اسٹار سوریہ کی تمل سے تلگو ڈبنگ کی "آکاشم نی ہدّورا (آسمان حد ہے)"۔

ابھی کل ہی گوگل نے ہندوستانی گوگل سرچ ٹرینڈز کے اعداد و شمار برائے سال ۲۰۲۰ء جاری کیے ہیں۔ اور فلم تلاش کے شعبے میں دو فلموں کو سب سے زیادہ ہندوستانی صارفین نے سرچ کیا ہے:

اول: آنجہانی سشانت سنگھ راجپوت کی آخری فلم "دل بچارہ" (ریلیز: جولائی)

دوم: تمل سوپر اسٹار سورِیہ کی "سورارائی پوٹرو" (ریلیز: نومبر)

اور یہ وہی تمل فلم ہے جس کا تلگو ورژن بس کے سفر میں اس طرح دیکھنے کا موقع ملا کہ فلم ختم ہوئی اور کب بس کا سفر بھی اختتام کو پہنچا اس کا کچھ پتا ہی نہ چلا۔ یہ بھی عجب اتفاق ہے کہ اس تمل اداکار سورِیہ سے پہلی بار واقفیت کرنول میں ہی دیکھی گئی ایک تلگو فلم "گینگ" (جنوری-۲۰۱۸) سے ہوئی تھی اور اس کی اداکارانہ صلاحیتوں کا تقابل اجے دیوگن کی اسی طرز کی ایک فلم "ریڈ" سے کرتے ہوئے یہ ماننا پڑا تھا کہ اداکاری میں سورِیہ سوا سیر ہے۔

اس فلم کو یقیناً انسپائریشنل موویی کا درجہ دیا جا سکتا ہے۔ ویسے بھی یہ ایک حقیقی واقعہ یا تحریک سے مستعار ہے۔ تقریباً تمام معتبر و معروف فلم ناقدین نے اس فلم کو پانچ میں سے ساڑھے چار یا چار ستارے دیئے ہیں۔

ہندوستانی فوج کے ایک ریٹائرڈ کیپٹن گوپی ناتھ کی زندگی کے کچھ اہم واقعات پر مبنی یہ فلم بتاتی ہے کہ کس طرح ایک مہم جو اور حوصلہ مند شخص نے عوام کے لیے سستی ترین ائرلائن کے آغاز کا خواب دیکھا، ارادہ کیا اور اپنے ارادے کو تمام تر مشکلات کے باوجود بالآخر تکمیل تک پہنچایا۔ فلم میں کئی جذباتی مناظر ایسے ہیں کہ فلم بین بعض اوقات اپنے حلق میں بے ساختہ آنسوؤں کی نمکینی محسوس کرنے لگتا ہے۔

اپنے مریض باپ کی عیادت کے لیے ائرپورٹ پر مسافرین سے رقمی مدد کی درخواست کرنے کا منظر ہو یا اپنے منصوبہ کی ناکامی سے دلبرداشتہ ہو کر چھت پر پہنچ کر یکبارگی زور زور سے چلا اٹھنا۔۔۔ یہاں پر سر کمل ہاسن کا وہ یادگار کردار یاد آ جاتا ہے کہ۔۔۔

فلم "نایاکن" میں کمل ہاسن اپنے اکلوتے بیٹے کی لاش گود میں لیے لاچار بیٹھا ہے اور چہرے کے تاثرات بتاتے ہیں کہ وہ یہ سمجھنے سے قاصر ہے کہ وہ روئے یا چیخے چلائے یا خود کو مارے؟ بس وہ سین دیکھنے ہی کے لائق ہے، تو اسی پس منظر میں سورِیہ کی جذباتی اداکاری کی بھی داد دینا پڑے گی۔

کسی تمل فلم میں بالی ووڈ اداکار پریش راول کا یہ پہلا داخلہ ہے۔ پریش گوسوامی، یعنی وہ فرد جس نے انفرادی تکلیفیں اور پریشانیاں جھیل کر "جاز ائرلائنز" کا آغاز کیا اور اسے بام عروج تک یوں پہنچایا

کہ دوسرے اس کی امنگ، بے لوث جذبے اور سخت محنت سے سبق سیکھیں۔ لیکن جب سوریہ اس سے اپنی ائرلائن "دکن ائر" کے آغاز کے سلسلے میں مدد لینے جاتا ہے تو پریش کا سرد رویہ اور مخالفانہ طرزِ عمل۔۔۔ ہمیں یہ سمجھنے پر مجبور کرتا ہے کہ بڑا آدمی کتنا بھی نیک نیت اور ناصح ہو مگر جب خود کی آزمائش کا موقع آئے تو اس پر مادیت پرستی غالب ہو جاتی ہے۔

گرم جذبات سے لبریز لہجے میں ردِ عمل کا مکالمہ، اداکار کو فنکار کے درجہ پر لے جاتا ہے:

"کیا آسمان ان کے اجداد کی جاگیر ہے؟ ذرا طیارے کو اتارو تو سہی، میں نپٹتا ہوں ان سے۔۔۔"

بس کی پچھلی نشستوں سے چند تالیاں بجیں، ورنہ تھیٹر ہو تو یقیناً بھرپور تالیوں سے گونج اٹھتا۔ عموماً ایسی فلموں میں ہیروئین کا کردار تھوڑا دب سا جاتا ہے، جیسا کہ ہندی فلم "پیڈ مین" کی مثال۔ مگر اس فلم میں نسائی کردار اس لیے مساوی درجے پر ہے کہ دونوں ہی اپنی اپنی دھن کے پکے ہیں، ہیروئین کو اپنی بیکری کی تشہیر و ترقی کی فکر اور ہیرو کو سب سے سستی ائرلائن کمپنی قائم کرنے کی دھن۔ اور غضب یہ کہ دونوں نظریاتی اختلاف کے باوجود شادی کے بندھن میں جڑتے ہیں۔ پھر شادی شدہ زندگی میں جو عملی، ذہنی اور جذباتی ٹکراؤ کے مسائل پیش آتے ہیں، فلم میں ان کی عکاسی بھی زمینی اور فطری محسوس ہوتی ہے، بالی ووڈ کی فلموں کی طرح ڈرامہ بازی نہیں۔

فلم کا آخری حصہ فلم کی جان ہے۔ پے در پے ناکامی سے دوچار ہیرو "مارا" جب بالآخر اپنے دوستوں، بہی خواہوں اور اپنے گاؤں والوں کی طرف سے کمپنی شیئرز کی بڑھ چڑھ کر خریداری کے ہمدردانہ تعاون کے ذریعے، ملک بھر میں سب سے سستی ائرلائن "دکن ائر" کے قیام میں کامیاب ہو جاتا ہے اور افتتاحی فلائٹ کا آغاز کرنے جاتا ہے تو مسافر صرف ایک ہوتا ہے: ہیرو کی بیوی!

تو کیا افتتاحی فلائٹ کینسل کر دی جاتی ہے؟

کیا ہمارے ہیرو کی ساری جدوجہد ناکام ہو گئی؟

کیا ملک کی سب سے سستی ائرلائن کا منصوبہ محض خواب ہی رہ گیا؟

ان سوالوں کے جواب آپ کو فلم دیکھنے پر ہی مل سکیں گے۔

☆ ☆ ☆

TENET ٹینیٹ

فلم کا نام: ٹینیٹ|| TENET

تاریخ ریلیز: اگست/ستمبر ۲۰۲۰ء

فلم کی نوعیت: سائنس فکشن/ایکشن تھرلر

ڈائریکٹر: کرسٹوفر نولان [Christopher Nolan]

اسکرین پلے/فلمساز: کرسٹوفر نولان

مرکزی اداکار: جان ڈیوڈواشنگٹن، رابرٹ پاٹنسن، الزبیتھ ڈیبیکی، ڈمپل کپاڈیہ،

مائیکل کین، کنیتھ برناغ

فلم کی ریٹنگ: IMDB7.3

منظر : ۶

انگریزی فلم Tenet ۔ جو چیر اتو اک قطرۂ خوں نہ نکلا

وبائی ہیجان (کووڈ-۱۹) کے دوران فلمیں بھی بند اور تھیٹر بھی۔ جس فلم کا زیادہ انتظار تھا یعنی جیمس بانڈ کی (۲۵ ویں) "نو ٹائم ٹو ڈائی" ۔۔۔ اس کی ریلیز کی تاریخ تو آگے بڑھتے بڑھتے اپریل-۲۰۲۱ تک جا پہنچی۔ ادھر سوشل میڈیا پر "ٹینیٹ" کی ریلیز کا ہنگامہ مچا اور ادھر حیدرآباد میں محدود نشستوں کے ساتھ ملٹی پلیکس کے کھلنے کی سرکاری نوید ملی۔ اور زیادہ تر سینما تھیٹروں کے در تقریباً آٹھ ماہ بعد اسی فلم کے ساتھ واہوئے۔ جلدی سے دو ٹکٹ بک کرائے مگر پھر رات میں ہی کووڈ-۱۹ پر خاتون خانہ کے طویل لکچر اور خوفناک تنبیہ پر کینسل بھی کروانے پڑے۔

اب سوائے ٹورنٹ کے اور کوئی دوسرا راستہ نہ رہا۔ فیس بک فلمی گروپ کے ایک محبی ایڈمن صاحب نے ٹورنٹ کا لنک دیا لیکن انڈیا میں اکثر و بیشتر ٹورنٹ سائٹس بلاک ہی ملتی ہیں، پھر دبئی کے ایک دوست نے ٹورنٹ فائل ایمیل کر دی۔ ٹورنٹ سے ڈوئل لینگویج (ہندی ر انگریزی) ورژن ڈاؤن لوڈ کیا مگر دو چار بار پانچ دس منٹ کے سین دیکھنے کے بعد اندازہ ہوا کہ یہ ویک اینڈ پر ہی دھیان سے دیکھنے کی چیز ہے۔

ویسے سوشل میڈیا پر اس فلم کے مسلسل تذکرے کے دوران ہی پتا چلا تھا کہ ارے بھئی اس کا ہیرو تو معروف و مقبول ہالی ووڈ اداکار ڈی-ڈبلیو (ڈینزل واشنگٹن) کا بیٹا ہے۔ اور ڈی-ڈبلیو تو عرصہ دراز سے ہمارے پسندیدہ اداکاروں کی فہرست میں شامل رہے ہیں جن کی تقریباً تمام فلمیں (اِکویلائزر، کرمسن ٹائیڈ، فلائیٹ، ان-اسٹاپیبل، بون کلکٹر وغیرہ) ہم نے دیکھ رکھی ہیں۔ البتہ فرزند صاحب

جان ڈیوڈ واشنگٹن کی کوئی فلم اب تک دیکھنے کا اتفاق نہیں ہوا۔

فلم کے ہدایتکار کرسٹوفر نولان کا نام بھی ان کی محیرالعقل فلموں بیٹ مین اور انٹر اسٹیلر جیسی سائنس فکشن فلم کی بنیاد پر یاد رہا۔ اب نولان صاحب کی یہ نئی فلم ٹینیٹ بھی سائنس فکشن ہے مگر "ٹائم ٹراویل" موضوع کے تڑکے کے ساتھ۔

پہلے تو ہندی ڈائیلاگ کے سہارے دیکھنے کی کوشش کی مگر جلد ہی بے تکے ترجمے سے بیزار ہو کر اصل انگریزی مکالموں پر لوٹ آنا پڑا۔

پھر یوں ہوا کہ ہر بیس پچیس منٹ بعد فلم کو ریورس کر کے یاد کرنا پڑا کہ ایں! پھر پہلے کیا ہوا تھا بھئ؟ ٹائم ٹراویل والی فلموں کا یہی بڑا مسئلہ ہوتا ہے۔

آگے پیچھے، پیچھے آگے درمیاں۔۔۔۔۔

بس یوں دیکھتے دیکھتے فلم ختم ہو گئی اور فلم کا یہی ڈائیلاگ حاصلِ فلم لگا:

Don't try to understand it. Feel it

(اسے "سمجھنے" کی کوشش مت کرو، بس محسوس کرو)

اب اللہ جانے ہمارے ایک دوست اقبال خورشید (کراچی، پاکستان) کو اس فلم میں کیا خصوصیت نظر آئی کہ فلم کی تعریف میں رطب اللسان ہیں؟ اس میں شک نہیں فلم میں چند ایکشن مناظر اعلیٰ پائے کے ہیں، خاص طور پر اوپر اہال میں حملہ اور ممبئی میں اونچی عمارت پر تار کے ذریعے چڑھنے کا منظر۔ اداکاری میں بیٹا باپ کے مقابلے میں ابھی کچا ہے۔ جبکہ اس کے پارٹنر نیل، ہیروئین کیتھرین اور ویلن اینڈرئی کی اداکاری پختہ اور جاندار ہے۔ ہندوستانی نژاد برطانوی اداکار ہمیش پٹیل نے اپنے مختصر کردار (ماہر) میں متاثر کیا۔ اور میڈم ڈمپل کپاڈیہ کو کیوں اس قدر بوڑھا بتایا گیا، اس پر حیرت ہے، مگر بہر حال انہوں نے بھی اپنے کردار سے انصاف کیا۔

مجموعی طور پر فلم گوارا درجے کی ہے اور ایسا انہیں لگتا ہے کہ یہ اسی ممتاز ہدایتکار نے بنائی ہے جس نے

"انٹر اسٹیلر" جیسی زبردست اور یادگار فلم (ریلیز: ۲۰۱۴) پیش کی تھی۔

فلم کے چند مکالمے جو یاد رہ گئے، یہاں ملاحظہ فرمائیں۔۔۔

- اپنے بچے کی حفاظت کا ایک موقع، تم نہیں جانتے کہ ایک ماں کے لیے کیا معنی رکھتا ہے؟
- ہر حکمت عملی قابو پانے کے لیے ہی ہوتی ہے۔
- What's happened, happened
- مایوسی پر ہی غصہ چھا جاتا ہے۔
- وقت کوئی مسئلہ نہیں، اس سے زندہ نکل آنا اصل مسئلہ ہے۔
- Cause comes before effect
- ہم سب کو لگتا ہے جیسے کسی آگ لگی عمارت میں دوڑ پڑیں گے مگر جب تک تپش محسوس نہ ہو، یہ ہم جان نہیں سکتے۔

☆ ☆ ☆

فلم کا نام: کریمسن ٹائڈ || Crimson Tide

تاریخِ ریلیز: ۱۲؍ مئی ۱۹۹۵ء

فلم کی نوعیت: ایکشن تھرلر، ڈراما

ڈائریکٹر: ٹونی اسکاٹ [Tony Scott]

مرکزی اداکار: ڈینزل واشنگٹن، جینی ہیک مین

فلم کی ریٹنگ: IMDB 7.3

منظر : ۷

ڈینزل واشنگٹن، ہیریسن فورڈ اور لیام نیسن – تکونی جہت

کریمسن ٹائیڈ–ڈینزل واشنگٹن کی یادگار فلم

اگر عنوان سے آپ نے خیال کیا ہو کہ شاید یہ تینوں معروف و مقبول ہالی وُڈ اداکار کسی ایک فلم میں مشترکہ طور پر اپنی اداکاری کے جوہر دکھا رہے ہیں، تو مغالطہ دینے والے عنوان کے لیے معذرت۔ ملتے جلتے موضوع کی دو مختلف فلموں کا یہاں ذکرِ خیر ہے۔ مگر فلم پر تبصرہ سے قبل بہتر ہے کہ ان تینوں مشہور اداکاروں کا کچھ تعارف ہو جائے (کہ اردو دنیا کے قارئین اس معاملے میں کسی قدر پیچھے ہیں)۔

ہیریسن فورڈ (پیدائش: جولائی ۱۳، ۱۹۴۲، شکاگو) – ہالی وُڈ کی فلمی دنیا میں اپنی معرکۃ الآرا فلم سیریز "انڈیانا جونز" (چار فلمیں: ۱۹۸۱، ۱۹۸۴، ۱۹۸۹، ۲۰۰۸) کے حوالے سے مشہور و مقبول ہیں۔ خلائی معرکوں والی یادگار فلم 'اسٹار وارز' (۱۹۷۷) کے کردار ہان سولو کے ذریعے آپ نے بین الاقوامی مقبولیت حاصل کی تھی۔ متعدد فلمی اعزازات و تمغہ جات حاصل کرنے کے علاوہ آسکر ایوارڈ کے لیے ایک مرتبہ نامزد بھی ہوئے۔ فورڈ کی مشہور فلموں میں انڈیانا جونز سیریز کی پہلی فلم 'رائیڈرس آف دی لاسٹ آرک'، وٹنیس [Witness]، فزیوٹیو [Fugitive]، بلیڈ رنر [Blade Runner]، ائر فورس ون [Airforce one]، جیک ریان [Jack Ryan] سیریز کی دونوں فلموں کے علاوہ کے 19- بھی شامل ہے۔ ائر فورس ون جیسی سیاسی ایکشن تھرلر مووی میں انہوں نے صدرِ امریکہ کا یادگار اور دلچسپ مرکزی کردار نبھایا تھا۔ اس تحریر میں فورڈ کی فلم "کے 19-،

دی ویڈیو میکر" کا جائزہ پیش ہے جو سابق سوویت یونین کی "آبدوز" کے "19-" کے ایک تاریخی واقعہ پر مبنی ہے۔

ڈینزل واشنگٹن (پیدائش: دسمبر 4، 1954، نیویارک) ۔ ہالی ووڈ کے وہ مقبول اداکار / ہدایتکار / فلمساز ہیں جنہیں پچھلے سال 2020ء میں نیویارک ٹائمز نے اکیسویں صدی کے عظیم اداکار کے لقب سے سرفراز کیا ہے۔ نو بار آسکر ایوارڈ کے لیے نامزد ہوئے اور دو مرتبہ آسکر حاصل کیا، علاوہ ازیں مختلف مشہور فلمی تنظیموں اور اداروں کے انعامات ان کے کھاتے میں درج ہیں۔ 1981 کی فلم "کاربن کاپی" کے ذریعے ہالی ووڈ میں داخلہ لینے والے ڈینزل نے اپنی لازوال اور متنوع اداکاری کے ذریعے متعدد فلموں کو بین الاقوامی مقبولیت دلائی ہے جن میں مالکم ایکس، ہری کین [Hurricane]، دیجا وو [Deja Vu]، امریکن گینگسٹر، دی بک آف ایلی، ان اسٹاپیبل [Unstoppable]، فلائٹ، ایکویلائزر [Equilizer] سیریز کی دونوں فلمیں شامل ہیں۔ واضح رہے کہ ڈینزل کے فرزند جان ڈیوڈ واشنگٹن بھی پچھلے سال کی اپنی یادگار فلم ٹینیٹ [Tenet] کے ذریعے ہالی ووڈ میں اپنی علیحدہ پہچان بنا چکے ہیں۔ اس تحریر میں ڈینزل کی فلم "کریمسن ٹائڈ" [Crimson Tide] کا جائزہ پیش ہے جو سوویت / امریکہ سرد جنگ ماحول کے پس منظر میں کیوبا کے 1962ء والے میزائل تنازعہ پر مبنی ہے۔

لیام نیسن (پیدائش: جون 7، 1952، شمالی آئرلینڈ) ۔ ہر چند کہ آئرش اداکار ہیں مگر برطانوی اور امریکی شہریت بھی رکھتے ہیں۔ بین الاقوامی فلمی منظرنامے پر آپ کی شناخت ٹیکن [Taken] سیریز کی تین فلموں کے ذریعے ہوئی۔ ہیریسن فورڈ کی طرح ایک مرتبہ بہترین اداکار کے زمرے میں آسکر ایوارڈ کے لیے نامزد بھی ہوئے۔ پچھلے سال 2020ء میں آئرلینڈ کے ممتاز روزنامہ "دی آئرش ٹائمز" نے انہیں آئرلینڈ کے پچاس (50) مشہور فلمی اداکاروں میں ساتویں مقام سے نوازا ہے۔ ٹیکن سیریز کے علاوہ لیام کی مشہور فلموں میں شنڈلرس لسٹ، دی

باؤنٹی، دی گرے [The Grey]، گینگس آف نیویارک، بیٹ مین، دی کمیوٹر اور نان-اسٹاپ شامل ہیں۔ اس تحریر میں ہیریسن فورڈ کی فلم "کے-۱۹، دی ویڈومیکر" کا جائزہ پیش ہے جس میں لیام نے بھی فورڈ کے متوازی کردار نبھایا ہے۔

کسی سیاسی تاریخی تنازعہ یا موضوع پر فلم بنانا شاید نہایت ہی مشکل امر ہے، خاص طور پر اس وقت جب معاملہ دنیا کی دو بڑی جابرانہ قوتوں کے درمیان کا ہو۔ مگر یہ ہالی ووڈ کا ہی دل گردہ ہے جو ایسے موضوعات پر بھی بڑی بے جگری اور مہارت سے اپنے فن کا اظہار کرتا ہے، موجودہ بالی ووڈ کی طرح برسر اقتدار قوت کی زیرِ سرپرستی گھٹنوں کے بل چلنے والا طفل نہیں بنتا۔۔۔

٭٭٭

فلم کا نام: کریمسن ٹائڈ – Crimson Tide

تاریخ ریلیز: مئی ۱۹۹۵

فلم کا دورانیہ: دو گھنٹے

سابق سوویت یونین اور امریکہ کے مابین سرد جنگ، کمیونسٹ معاشرے کی خانہ جنگی، ایک قوم پرست سوویت رہنما کی سوویت نیوکلیر میزائل بیس پر قبضہ کے ساتھ دنیا کو نیوکلیر جنگ میں دھکیلنے کی دھمکی۔۔۔ اور اس دھمکی کے جواب میں امریکی نیوی کیپٹن کا فیصلہ کہ سمندر کی گہرائیوں میں موجود امریکی آبدوز کے ذریعے سب سے پہلا نیوکلیر بم دنیا کی دوسری بڑی طاقت یعنی سوویت یونین کی جانب داغ دیا جائے۔

اب نیوکلیر میزائل داغا جائے یا نہیں؟

پوری فلم اس سوال کے جواب کی کشمکش پر بہترین طریقہ سے فلمائی گئی ہے۔ سمندر کی گہرائیوں میں سانسیں لیتی نیوکلیر ہتھیار سے لیس چھٹی امریکی آبدوز "یو-ایس الابامہ" اس نازک موڑ کی منتظر ہے کہ فریقِ مخالف کی دھمکی پر عملی درآمد کی اطلاع جیسے ہی خفیہ سیٹلائٹ کے ذریعہ لیک ہو، بطور حفظ

مانقدم سب سے پہلے امریکہ ہی کی جانب سے میزائل داغ دیا جائے۔ آبدوز کے اندر عملی قدم اٹھانے کی مشترک ذمہ داری دو اعلیٰ عہدیداروں پر ہے۔۔۔ بحری جنگ کی ماہرانہ صلاحیتوں کا حامل کیپٹن فرینک رامسے (جینی ہیک مین) اور اس کا معاون ایگزیکیٹو آفیسر لیفٹیننٹ کمانڈر رون ہنٹر (ڈینزل واشنگٹن) جس کی جنگی مہارت کا تجربہ تو صفر مگر جو فوجی تاریخ اور حکمت عملی کی بہترین تعلیم وتربیت سے فیضیاب ہے۔

نوجوان لیفٹیننٹ کمانڈر ہنٹر کی اولین غلطی شاید یہی رہی ہو کہ اس نے پہلی ہی ملاقات میں کمانڈنگ افسر رامسے کو اپنا نقطۂ نظر یوں بتا دیا تھا:

"میری عاجزانہ رائے میں، نیوکلیر ہتھیاروں کی اس دنیا میں ہمارا اصل دشمن جنگ ہی ہے۔"

اچانک راڈار پیغام کے ذریعے ایمر جنسی الرٹ کا پیغام وصول ہوتا ہے کہ تمام دس میزائل اپنے ٹارگٹ کی سمت لانچ کرنے کے تیار کر دیے جائیں۔ میزائلیں فائر کرنے کا دوسرا پیغام بدقسمتی سے راڈار سے رابطہ منقطع ہونے کے سبب ادھورا رہ جاتا ہے اور یہیں سے شروع ہوتا ہے دونوں اعلیٰ عہدیداروں کے درمیان انا کا ٹکراؤ اور نفسیاتی جنگ۔

کمانڈنگ افسر رامسے کا اصرار ہے کہ ملکی سلامتی کے تقاضے کے تحت دسیوں میزائل دشمن کی جانب فوراً فائر کر دیے جائیں۔ جبکہ ایگزیکیٹیو افسر کمانڈر ہنٹر کا تقاضا ہے کہ تھوڑا صبر کر کے اس دوسرے پیغام کی مکمل وصولی انتظار کیا جائے، ممکن ہے اس نئے پیغام میں فائر نہ کرنے کا حکم ہو۔

دونوں اپنی اپنی جگہ محب وطن ہیں، ایک کے نزدیک ملک کی سلامتی عزیز ہے اور دوسرے کے نزدیک ملک کا وقار اور جنگ سے آخری لمحہ کے گریز کی حکمت عملی۔

فیصلہ کیا ہوا؟ اس کے لیے فلم کے اس آخری گھنٹے میں ہونے والی نفسیاتی کشمکش کے عملی مناظر بس دیکھنے اور سننے سے تعلق رکھتے ہیں۔

★★☆

فلم کا نام: کے-19 دی ویڈو میکر|| K-19: The Widowmaker

تاریخِ ریلیز: جولائی/ستمبر/اکتوبر ۲۰۰۲ء

فلم کی نوعیت: تاریخی واقعہ/ڈراما/تھرلر

ڈائریکٹر: کاتھرین بیغلو [Kathryn Ann Bigelow]

مرکزی اداکار: ہیریسن فورڈ، لیام نیسن

فلم کی ریٹنگ: IMDB 6.7

منظر : ۸

کے-19 : دی ویڈو میکر - ہیریسن فورڈ اور لیام نیسن کا ٹکراؤ

فلم کا نام : کے-19 دی ویڈو میکر - K-19: The Widowmaker

تاریخ ریلیز : جولائی ۲۰۰۲

فلم کا دورانیہ : دو گھنٹے بیس منٹ

ایسا شاید ہالی ووڈ کی فلمی تاریخ میں کم ہی واقع ہوا ہے کہ دو نامور امریکی اداکار روسی فوجی موضوع کی فلم میں مرکزی کردار نبھائیں اور تخاطب میں "مسٹر" کے بجائے "کامریڈ" لقب کو استعمال میں لائیں۔

فلم کا بنیادی موضوع سنہ ۱۹۶۱ء میں سوویت یونین کے پہلے بیلسٹک میزائل نیوکلیئر آبدوز کی تجرباتی مہم ہے۔ اس آبدوز کا نام K-19 رکھا گیا مگر روسی بحریہ کے فوجیوں نے اسے طنزاً "بیوہ بنانے والی آبدوز" [Widowmaker] کا خطاب دے رکھا تھا کہ اس کی مہم سے صحیح سلامت واپسی تقریباً ناممکن تھی۔

متذکرہ آبدوز کا اصل کمانڈریوں تو ایگزیکٹیو آفیسر میخائل پولینین (لیام نیسن) تھا مگر کیپٹن الگزی واسٹریکیوف (ہیریسن فورڈ) کو جب سیاسی دباؤ کے زیر اثر بحیثیت کمانڈنگ آفیسر فائز کیا گیا تو پولینین کو اس کی سربراہی قبول کرنے پر مجبور ہونا پڑا۔ پولینین کے نزدیک سوویت وقار سے زیادہ عملے کا حوصلہ اور ان کی سلامتی ترجیح رکھتی تھی جبکہ اس کے برعکس واسٹریکیوف انسانی جانوں پر وطنی فخر و

عصبیت کو ترجیح دینے کا قائل تھا۔

کے-19 کا مشن کچھ یوں تھا کہ بحر منجمد شمالی کی سطح پر پہنچ کر بنا ہتھیار والا ایسا بیلسٹک میزائل کو داغنے کا تجربہ کرے جس کی حدود روس سے نیویارک اور واشنگٹن کے سمندری فاصلے کے مماثل ہوں۔

ایگزیکٹیو آفیسر پولینن کے تجربے، مشورہ اور عملہ کی سلامتی کو خاطر میں لائے بغیر کمانڈنگ افسر واسٹریکوف نے حکم دیا کہ آبدوز کو سمندر کی گہرائی میں اپنی آخری دستیاب حد تک گزارا جائے اور پھر پوری قوت سے اوپر اٹھاتے ہوئے بحر منجمد شمالی کی برف کو توڑ کر سطح آب پر پہنچتے ہی میزائل کو داغ دیا جائے۔

آپریشن تو کامیاب ہو گیا مگر اس قدر سنگین مشقت کے نتیجے میں آبدوز کے اندر موجود ایٹمی بجلی گھر [nuclear reactor] کے ایک پائپ کی تباہی نے خوفناک صورتحال پیدا کر دی۔ کیونکہ پائپ سے نکلنے والی تابکاری لہروں نے آبدوز کے تمام تر عملے کی جانوں کو واضح خطرے میں ڈال دیا تھا۔

اب منظر کچھ یوں ہے کہ بحر منجمد شمالی کی سطح پر کے-19 آبدوز موجود ہے اور اس سے کچھ کلومیٹر فاصلے پر امریکی بحریہ کے پٹرولنگ اسکواڈ کا جہاز بھی۔ کے-19 کی اصل مہم سے قطعاً لاعلم امریکی بحریہ کے ہیلی کاپٹر نے آبدوز کے اوپر چکر لگاتے ہوئے مدد کی پیشکش بھی کی۔

تو کیا دنیا کی دوسری بڑی طاقت کے بحری کمانڈر کو اپنے ہی ازلی دشمن سے صرف اس لیے مدد لینی چاہیے کہ انسانی جانوں کو قربان ہونے سے بچا سکے یا اپنے وطن کی عزت و آبرو کی خاطر آبدوز اور عملے سمیت سمندر کی گہرائیوں میں غرق ہو کر شہید ہو جائے تاکہ دشمن کے ہاتھ کے-19 جیسی نادر تخلیق نہ لگ سکے؟

فیصلہ کیا ہوا؟ اس کے لیے فلم کے اس آخری گھنٹے میں، کمانڈنگ افسر، ایگزیکٹیو افسر اور تیکنیکی عملہ کے درمیان جاری جسمانی و نفسیاتی ٹکراؤ کے مناظر بس دیکھنے اور سننے سے تعلق رکھتے ہیں۔

پس نوشت:

ہر چند کہ یہ دونوں فلمیں ایکشن تھرلر ہیں مگر یہاں جسمانی یا ہتھیاروں کے ذریعے لڑائی پر مبنی

ایکشن نہیں ہے۔ ہتھیاروں اور جسمانی لڑائی کو دیکھنے کے شائقین ہیریسن فورڈ کی "ائر فورس ون"،
ڈینزل کی "ایکویلائزر" سیریز اور لیام نیسن کی "ٹے کن" سیریز سے لطف اٹھا سکتے ہیں۔

☆ ☆ ☆

فلم کا نام: اے دل ہے مشکل || Ae Dil Hai	فلم کا نام: شوائے || Shivaay
Mushkil	تاریخ ریلیز: ۲۸؍ اکتوبر ۲۰۱۶ء
تاریخ ریلیز: ۲۸؍ اکتوبر ۲۰۱۶ء	فلم کی نوعیت: ڈراما، ایکشن ایڈونچر
فلم کی نوعیت: ڈراما، موسیقی ریز	ڈائریکٹر، پروڈیوسر: اجے دیوگن [Ajay Devgn]
ڈائریکٹر، مصنف: کرن جوہر [Karan Johar]	موسیقی: میتھون [Mithoon]
موسیقی: پریتم [Pritam]	مرکزی اداکار: اجے دیوگن، سائیشا سیگل، ایریکا کار،
مرکزی اداکار: رنبیر کپور، انوشکا شرما، ایشوریہ رائے،	گریش کرناڈ
فواد خان	فلم کی ریٹنگ: IMDB 6.1
فلم کی ریٹنگ: IMDB 5.8	

منظر : 9

دو فلمیں: 'اے دل ہے مشکل' اور 'شوائے'

فلم 'اے دل ہے مشکل' مغربی کلچر کی 'محبت نما دوستی' کو جسٹیفائی کرنے کی بھونڈی کوشش کہلائی جا سکتی ہے، اس قسم کا موضوع برصغیری ذہنیت کو شاید ہی قبول ہو اور یہی وجہ فلم کی ناکامی کا سبب بن سکتی ہے۔۔۔ کبھی خوشی کبھی غم، کل ہو نہ ہو، مائی نیم از خان ۔۔۔ جیسی معنی آفریں بہترین فلمیں بنانے والے کرن جوہر سے اس قسم کی بے سر پیر مع فحش مناظر والی فلم کی امید نہیں تھی۔ فواد خان کا اس فلم میں ایسا کونسا مضبوط کردار ہے جس کی بنا پر اس بچارے کو میڈیا نے 'ہاٹ کیک' بنایا؟ ایشوریا رائے پر بھی حیرت ہے کہ کیسے اس نے اپنے بے جان کردار کے لیے فلم کو قبول کیا، جو کچھ ہے بس رنبیر کپور اور انوشکا شرما کی اداکاری۔ ویسے ۔۔۔ "اے دل ہے مشکل" کے سارے مرکزی کردار برطانیہ میں مقیم برٹش پاسپورٹ رکھنے والے ہندوستانی نژاد مسلمان بتائے گئے ہیں۔ اور فلم میں ایشوریا رائے کارول شاعرہ کا ہے، اس کے شعری مجموعہ کا عنوان ہے: شبِ فراق۔ وہ مجموعہ کلام باقاعدہ پورے اسکرین پر اردو میں بتایا گیا، البتہ ہر صفحہ پر ایک طرف اردو رسم الخط اور دوسرے صفحہ پر رومن کلام۔

کرن جوہر والی فلم کے مقابلے میں کم از کم اجئے دیوگن کی "شوائے" کو ایکشن، تھرل اور جذبات نگاری کی خاطر نمبر دیے جاسکتے ہیں۔ گو کہ فلم میں ہیرو وصاب کوئی مافوق الفطرت ہستی نظر آتے ہیں کہ مشین گن کی گولیاں، توپوں کے گولے، خنجروں کے وار کھانے کے باوجود ہنستے مسکراتے ویلن کی تین پانچ کرنے کے ایکشن میں مصروف نظر آتے ہیں ۔۔۔ البتہ Mountaineering اور یوگو سلاویہ

کی سیاحت کے حوالے سے فلم کو زیادہ نمبر دیے جانے چاہییں۔ دو سین جیمس بانڈ کی فلم سے چوری کیے گئے ہیں۔ اور ایک سین کسی اور ہالی وڈ موویی سے۔ فلم کی شروعات کا سین ایکشن را ایڈونچر شائقین کو قطعاً مس نہیں کرنا چاہیے۔

فلم کی خامی کئی ایک غیر حقیقی مناظر اور غیر فطری جنسی حملوں کے لیے معصوم بچوں کا اغوا کرنا ہے۔

☆☆☆

فلم کا نام: فنے خان||Fanney Khan

تاریخ ریلیز: ۳؍ اگست ۲۰۱۸ء

فلم کی نوعیت: ڈرامار کامیڈی؍موسیقی ریز

ڈائریکٹر؍تحریر کردہ: اتل منجر یکر [Atul Manjrekar]

موسیقی: ٹبی؍پاریک [Tubby-Parik]

مرکزی اداکار: انل کپور، ایشوریہ رائے، راج کمار راؤ

فلم کی ریٹنگ: IMDB 4.5

منظر : ۱۰

فنے خان نہیں بلکہ "پھنے خان"

حالانکہ "پھ" ہندی سے آیا ہے، یعنی ہندی حرف फ کے بعد फ، پھر بھی غضب یہ ہے کہ اکثر ہندی داں "پھر" کو "فِر" کہتے سنائی دیتے ہیں۔

پھنے خان غالباً پنجابی لقب ہے جو اردو لقب 'طرم خان' کے مترادف ہے۔ ویسے اردو میں بھی پھنے خان (بمعنی بلاوجہ اکڑنے والا شخص) مستعمل ہے۔ گو کہ کسی بھی لغت (فیروز، آصفیہ، نور، کشوری وغیرہ) میں یہ لقب دکھائی نہیں دیا۔ مگر کتابوں میں پڑھنے میں آیا ہے۔۔۔ اور ہندوستان کی بہ نسبت شاید پاکستان میں زیادہ استعمال ہوتا ہو۔۔۔

ذرا گوگل چیک کیجیے تو پچاسوں پاکستانی ویب سائٹس اور بلاگس پر یہ لفظ دکھائی دے گا (یہ الگ بات ہے کہ گوگل سرچ کے اولین نتائج اسی بالی ووڈ فلم سے متعلق ہیں۔۔۔ طرہ یہ کہ کوئی فلم بالی ووڈ میں بنتی یا بننے لگتی ہے اور ادھر ہمارے پڑوس کی سینکڑوں اردو ویب سائٹس پر اس کے اتنے چرچے شروع ہو جاتے ہیں کہ جتنے انڈیا کی ہندی ویب سائٹس پر بھی نہ ہوں۔)

خیر۔۔۔ انیل کپور کی یہ فلم بس ایسے ہی ہے (اس موضوع پر اس سے بہتر عامر خان والی 'سیکرٹ سپر اسٹار' کہلائی جا سکتی ہے۔)۔۔۔ جبکہ بالی ووڈ باکس آفس تجزیہ نگار ترن آدرش خواہ مخواہ اس فلم کو، ساتھ ریلیز ہونے والی دیگر دو فلموں (ملک اور کارواں) پر ترجیح دے رہے ہیں۔ حالانکہ عوامی مقبولیت کی ترتیب ہماری نظر میں تو کچھ یوں بنتی ہے:

۱) ملک، ۲) کارواں، ۳) پھنے خان

اگر آپ انیل کپور کے شیدائی ہیں تو فلم دیکھ لیجیے ورنہ ایشوریہ رائے کے چکر میں دیکھنے جائیں تو مایوسی ہوگی۔۔۔ میڈم کا سنہرا دور اب گزر چکا، انہیں گلیمر کردار چھوڑ کر یا تو ڈمپل کپاڈیہ والے (نینی دیوی رد بنگ) کردار ادا کرنے چاہییں یا پھر اپنی دختر نیک اختر آرادھیہ کی پرورش میں مگن ہو جانا چاہیے۔ راج کمار راؤ جیسے قابل اداکار، کہ جس نے عمرتا، نیوٹن، شادی میں ضرور آنا اور بریلی کی برفی جیسی فلموں میں اپنی شاندار اداکاری کے جوہر دکھائے ہیں، کو اس فلم میں ضائع ہوتا دیکھ کر سخت افسوس ہوتا ہے۔

☆ ☆ ☆

فلم کا نام: گران تورینو || Gran Torino

تاریخ ریلیز: ۱۲/ دسمبر ۲۰۰۸ء

فلم کی نوعیت: سوشل ڈراما

فلم ساز و ہدایتکار: کلائنٹ ایسٹ ووڈ [Clint Eastwood]

ڈسٹری بیوٹر: وارنر برادرس

مرکزی اداکار: کلائنٹ ایسٹ ووڈ، بی وانگ، اہنے ہر، کرسٹوفر کارلے

فلم کی ریٹنگ: IMDB 8.1

منظر : ۱۱

گران تورینو – عظیم ہالی ووڈ اداکار کلائنٹ ایسٹ ووڈ کی یادگار فلم

کلائنٹ ایسٹ ووڈ (پیدائش: ۳۱؍ مئی ۱۹۳۰ء، عمر: ۹۲ سال) کو کتنے اردو داں جانتے ہیں؟

ایسا نہیں ہے کہ آپ گوگل سرچ کریں تو یہ نام اردو میں نہ ملے۔ متعدد مضامین اور ویب سائٹس و بلاگس میں یہ شخصیت موجود ہے۔ مگر سوشل میڈیا کے اردو داں حلقوں میں شاید ہی کبھی اس شخصیت یا اس کے فن پر گفتگو ہوئی ہو۔ ہالی ووڈ کے عظیم نام جیسے مارلن برانڈو، کلارک گیبل، گریگوری پیک، کرک ڈوگلاس اپنی جگہ اہمیت رکھتے ہیں مگر کتنے ایسے ہیں جنہوں نے نوے برس کی عمر میں بھی اپنی فنی صلاحیتوں کا ناقابل فراموش مظاہرہ کیا ہو؟

بالی ووڈ میں دلیپ کمار نے ۶۰ سال کی عمر کے بعد اپنے دوسرے فلمی دور میں شکتی، ودھاتا، مشعل، کرما، سوداگر جیسی فلموں کے ذریعے اپنے فن کا لوہا منوایا۔ اسی طرح امیتابھ بچن نے پچھتر برس کی عمر کے بعد والے دوسرے فلمی دور میں پنک، بدلہ، گلابو ستابو کے ذریعے اپنے فنی جوہر کا مظاہرہ کیا اور کر رہے ہیں۔

مگر ہالی ووڈ میں غالباً کلائنٹ ایسٹ ووڈ واحد ایسے اداکار ہیں جنہوں نے ۲۴ سال کی عمر (۱۹۵۴ء) میں فلمی دنیا میں داخلہ لیا تھا اور آج ۹۲ برس کی عمر میں بھی فلمسازی، ہدایتکاری اور اداکاری کے میدان میں بھرپور طریقے سے فعال ہیں۔ (دوسرا نام شاید ال-پاچینو کا ہے، جو صرف اداکاری میں ماہر ہیں۔)

کلائنٹ ایسٹ ووڈ کی تازہ ترین فلم ماہ ستمبر-۲۰۲۱ میں جو ریلیز ہونے والی ہے، اس کا نام ہے "کرائی ماچھو (Cry Macho)"۔ اس فلم میں نہ صرف انہوں نے مرکزی کردار نبھایا ہے بلکہ وہ اس فلم کے فلمساز اور ہدایتکار بھی ہیں۔

یہاں ہم اس معرکۃ الآرا فلم کا جائزہ لیں گے جو "امریکن اسنائپر" (ریلیز: ۲۰۱۴ء) کے بعد کلائنٹ ایسٹ ووڈ کی دوسری سب سے زیادہ باکس آفس کمائی کرنے والی فلم (۷۰۲ ملین امریکی ڈالر/ ۲۰۰۰ کروڑ ہندوستانی کرنسی) باور کی جاتی ہے۔

فلم کا نام: گران تورینو (Gran Torino)

تاریخِ ریلیز: ۵ دسمبر ۲۰۰۸ء

فلم کا دورانیہ: دو گھنٹے

مگر اس سے قبل ایسٹ ووڈ کا قولِ زریں ضرور پڑھیے گا۔ جون ۲۰۱۰ء کے اپنے ایک انٹرویو میں انہوں نے فرمایا تھا:

"ہر کوئی حیرانی کا شکار ہے کہ عمر کے اس مرحلے پر میں اپنے کام میں منہمک کیوں ہوں؟ چونکہ ہر دم نئی کہانی سامنے آتی ہے چنانچہ کام میں مصروف ہوتا ہوں ۔۔۔ اور جب تک لوگ چاہیں گے کہ میں انہیں کہانی سناؤں، میں ان کے لیے کام کرتا رہوں گا"۔

گران تورینو، ۵ دسمبر ۲۰۰۸ میں ریلیز ہوئی تھی، جس وقت ایسٹ ووڈ کی عمر ۷۸ سال تھی۔ "گران تورینو" دراصل مشہور و معروف فورڈ کمپنی کی اس کار ماڈل کا نام ہے جو ۱۹۶۸ء سے ۱۹۷۶ء کے دوران تیار ہوئی اور جس کا نام اطالوی شہر "تورینو" کے نام پر رکھا گیا تھا۔ کار کا یہ ماڈل فلم کا مرکزی خیال تو نہیں مگر فلم کا بنیادی حصہ ضرور ہے۔

فلم میں ایسٹ ووڈ نے امریکی شہر ڈیٹرائٹ میں مقیم ایک ایسے نسل پرست اور کم قوت برداشت کے حامل سنکی بوڑھے کا کردار ادا کیا ہے جو اپنے علاقے میں موجود ایشیائی مہاجر قبیلے ہمونگ کے افراد کے درمیان اپنے روایتی مکان میں تنہا زندگی بسر کر رہا ہے۔ ۱۹۵۰ء کی شمال؍جنوب کوریائی جنگ میں حصہ لینے والے فورڈ فیکٹری کے ملازم والٹ کوولسکی کی بیوی ۵۰ سالہ ازدواجی زندگی کی رفاقت کے بعد اسے داغ مفارقت دے جاتی ہے۔ اور کوولسکی کی اولاد یہ چاہتی ہے کہ وہ مشکوک اور انتشار پسند مہاجرین کی گروہ واری جنگوں سے پٹے ہوئے علاقہ کو چھوڑ کر وظیفہ یاب افراد کی کمیونٹی والے کسی پرسکون رہائشی علاقے میں قیام کرے۔ مگر کوولسکی اپنے روایتی مکان میں زندگی کے بقیہ ایام گزارنے کی ضد پر قائم ہے۔

وہ اس قدر نسل پرست مزاج کا حامل ہے کہ اپنے قبائلی پڑوسیوں سے نفرت کی حد تک بیزاری رکھتا ہے۔ اپنے مکان کے لان میں پڑوسیوں کی آمد یا مداخلت اسے بے انتہا ناگوار گزرتی ہے۔ اس کی نفرت میں اس وقت بھی اضافہ ہوتا ہے جب وہ اپنے پڑوس کے نوجوان کو رنگے ہاتھوں پکڑتا ہے جو اس کی محبوب کار "گران تورینو" کو چرانے پر تلا ہے۔

مگر پھر حالات کروٹ لیتے ہیں اور وہ نوجوان اور اس کی بڑی بہن کی سادگی، معصومیت اور خلوص سے آگاہ بھی ہوتا ہے اور متاثر بھی۔

جس سطح پر دلیپ کمار نے ڈائیلاگ ڈیلیوری، باڈی لینگویج اور آنکھوں کے تاثرات سے اداکاری کی معراج کو چھوا تھا، بعینہ یہی بات اس فلم میں والٹ کوولسکی کے کردار کے ذریعے ایسٹ ووڈ کی اداکاری کے بارے میں دہرائی جاسکتی ہے۔

چاہے وہ اپنی پوتی کے ساتھ مکالمے کا مختصر منظر ہو، یا عیسائی عقیدہ پر مبنی کنفیشن کے لیے پادری کے مسلسل تقاضے پر ردعمل ہو یا کار چرانے والے پڑوسی نوجوان کے ساتھ گرم و برہم برتاؤ کے متعدد مناظر۔۔۔ کلائنٹ ایسٹ ووڈ بلاشبہ اپنی اداکارانہ صلاحیتوں سے کسی بھی عام فلم بین کو دانتوں تلے انگلی دبانے پر مجبور کر دیتے ہیں۔

روزمرہ کی نوک جھونک کے بعد جب پڑوسیوں سے والٹ کو لسکی کے تعلقات بہتر طریقے پر استوار ہوتے ہیں اور وہ لاشعوری طور پر اپنی ساری نسل پرستانہ نفرت بھول کر اپنے پڑوسیوں کا محافظ بنتا ہے، تب اچانک وہ واقعہ پیش آتا ہے جو اس کی جنگی تربیت اور جبلت کو یکایک بیدار کر دیتا ہے۔ اور اسے محسوس ہوتا ہے کہ اپنے ایک عظیم گناہ کے کفارہ کی ادائیگی کا وقت آ پہنچا ہے۔ کوریائی جنگ کے دوران فریق مخالف کے ایک نوجوان فوجی کے ہتھیار ڈال دینے کے باوجود اس نے نوجوان کی زندگی چھین لی تھی اور یہ واقعہ کو لسکی کی زندگی میں ہمیشہ سوہان روح بنا رہا۔ اب کوئی اور نوجوان انتقامی جوش میں اپنی زندگی کی بازی ہار جائے، یہ کو لسکی کو منظور نہ تھا۔

فلم کا کلائمکس نہ صرف فلم کی جان ہے بلکہ یہ ناظرین کی توقعات کے عین برعکس بھی ہے۔ اپنے پڑوسی نوجوان پر قبائلی متشدد گروہ کے غنڈوں کا جان لیوا حملہ اور پڑوسی نوجوان کی بڑی بہن کی عصمت دری کا موثر بدلہ کو لسکی نے کس حکمت عملی سے لیا اور اپنی وصیت کے ذریعے وہ کس طرح اپنے پڑوسیوں کے دلوں میں ہمیشہ کے لیے اپنا نام و مقام ثبت کر گیا۔۔۔ یہ بات فلم کے اختتامی جذباتی مناظر کے ذریعے جاننا بہتر رہے گا۔

☆ ☆ ☆

فلم کا نام: کامیابی ||Kamyabi

تاریخ ریلیز: ۳۰ر جون ۱۹۸۴ء

فلم کی نوعیت: ڈراما

ڈائریکٹر، تحریر کردہ: پرویز ملک [Pervez Malik]

موسیقی: ایم اشرف [M. Ashraf]

مرکزی اداکار: ندیم، شبنم، طلعت حسین

فلم کی ریٹنگ: IMDB 5.6

منظر : ۱۲

حیدرآباد (دکن) کے سینماگھر میں پاکستانی فلم 'کامیابی' کی نمائش

کچھ عرصہ قبل پڑوس کے ممتاز قلمکاروں کی فیس بک پوسٹس میں ایک قضیہ کچھ یوں چل نکلا کہ :
پاکستان کا قومی ترانہ اردو میں لکھا گیا ہے کہ فارسی میں؟

کیونکہ۔۔۔ کہا جارہا ہے کہ مقبول عام ادیب عمیرہ احمد نے اپنے تازہ ٹی۔وی ڈرامہ "صنف آہن" کی حالیہ قسط میں ایک کردار کی زبانی یہ کہلوایا ہے کہ : "پاکستان کا قومی ترانہ فارسی زبان میں تحریر کیا گیا ہے"۔

(حالانکہ ہندوستان میں اردو کا عام طالب علم بھی جانتا ہے کہ یہ ترانہ اردو میں ہے، فارسی میں نہیں)

اس ضمن میں، ناچیز کے ایک کمنٹ پر، معروف ادیب عابد علی بیگ صاحب نے ہندوستانی قومی نغمہ 'جن گن من' سے متعلق ایک سوال پوچھا ہے، جس کے جواب سے قبل ایک یادگار واقعہ پڑھ لیجیے۔ یہ ۱۹۸۷ کے اواخر کی بات ہے۔ انجینئرنگ گریجویشن کا تیسرا اسال تھا۔ حیدرآباد کی "رائل" ٹاکیز (سلطان بازار کی قدیم ترین "دلشاد" ٹاکیز کے بازو واقع سینماگھر) میں ایک فلم ریلیز ہوئی، نام تھا:
"کامیابی"

اور حیدرآباد کے باشندوں کے لیے سب سے حیرت انگیز امر یہ تھا کہ وہ ایک پاکستانی فلم تھی، جو کل ہند سطح پر ہندوستانی فلم سنسر بورڈ کی باقاعدہ منظوری و اجازت کے بعد ملک کے مختلف سینماگھروں میں پیش کی گئی تھی۔ پاکستان کی ۱۹۸۴ء میں ریلیز ہوئی اس فیملی ڈرامہ فلم کے اداکار تھے : ندیم، شبنم، طلعت حسین اور صبیحہ خانم۔ کہا جاتا ہے کہ اس فلم نے پاکستان میں گولڈن جوبلی منائی تھی اور یہ اس سال کی کامیاب ترین فلم قرار پائی تھی۔

ہندوستان میں ریلیز شدہ پرنٹ کے پروڈیوسر غالباً ممبئی کے حنیف اور سمیر تھے۔ فلم کے آغاز پر، ان دونوں نے اسکرین پر آکر فلم کا چند لفظی تعارف بھی کروایا تھا اور کہا تھا کہ حکومت ہند کی اجازت سے ہی یہ فلم پیش کی جارہی ہے۔

فلم بہت دلچسپ لگی، سو اس غریب نے دوبار دیکھی۔ ایک بار کزنز کے ساتھ اور دوسری بار کالج کے دوستوں کے ہمراہ۔ یہ بھی یاد ہے کہ اس فلم نے مارننگ شو میں ۱۰۰ دن مکمل کیے تھے اور اس کے دو نغمے پرانے شہر کی گلیوں میں مقبول ہوئے تھے: 'جو زمانے میں ہمت نہ ہارے' اور 'جانِ من تیری نشیلی آنکھوں کا میں عاشق ہوں پرانا'

اب سب سے دلچسپ بات سنیے، بلکہ دو باتیں۔

فلم کے درمیان ۱۴؍ اگست کا دن آتا ہے اور پاکستانی یوم آزادی کی ایک تقریب کے دوران پاکستانی حب الوطنی پر مبنی ایک گانا بھی بجتا ہے! (یعنی وہ گانا اور گانے کا منظر سنسر نہیں کیا گیا تھا)

"ہے اپنے وطن سے پیار ہمیں"

اور دوسری دلچسپ بات یہ کہ فلم کے اختتام پر پاکستانی قومی ترانہ پس منظر میں گونجتا ہے اور سامنے اسکرین پر اردو میں ایک تحریری پٹی چلتی ہے کہ: ازراہ کرم قومی ترانہ کے احترام میں کھڑے ہو جائیں ۔۔۔۔

اور مزید دلچسپ بات یہ کہ مسلم و غیر مسلم فلم بینوں کی اکثریت کھڑی بھی ہوگئی تھی۔ مجھ سمیت! یہاں میں ایک اور واقعہ یاد دلا دوں۔

نومبر ۱۹۹۷ میں اپنی کراچی وزٹ کے دوران، میں نے اپنے میزبان اور ان کے دونوں بچوں کے ساتھ کراچی کے "نشاط" سینما میں ایک فلم دیکھی تھی: "دیوانے تیرے پیار کے" (ریلیز: نومبر ۱۹۹۷، اداکار: معمر رانا اور جیا علی)۔ مگر فلم کے اختتام پر قومی ترانہ کی گونج سن کر کھڑا نہیں ہوا اور میزبان کو دلیل یہ دی کہ میری قومیت تو پاکستانی نہیں ہے۔

بہرحال ۳۵ سال پہلے کی یہ داستان ہے ۔۔۔۔ اور آج تو شاید کوئی خواب میں بھی ایسا تصور نہ کر سکے کہ پڑوسی ملک کی کوئی فلم باقاعدہ یہاں کے سینما گھروں میں چل سکے اور وہ بھی پاک قومی ترانہ کے

ساتھ!

اگر کسی کے نزدیک ہندوستان کی ایسی بین الاقوامی "ترقی" حب الوطنی کا معیار ہے تو ایسی سوچ پر سوائے اظہار افسوس کے، اور کچھ نہیں کیا جا سکتا۔

اب کچھ عابد علی صاحب کے اس سوال کا جواب:

"کیا ہندوستان کے قومی ترانے کی زبان ملک کے طول و عرض میں عام لوگ بخوبی سمجھتے ہیں؟ اگر نہیں تو وہ لوگ اعتراض تو نہیں کرتے جہاں سمجھا نہ جاتا ہو؟"

جواباً عرض ہے کہ ہندوستان کا قومی ترانہ "جن گن من" بنگلہ زبان میں ہے اور جو ہندوستان کے پہلے نوبل انعام یافتہ ادیب رابندر ناتھ ٹیگور کا تحریر کردہ ہے۔ سنہ ۱۹۱۲ میں لکھے گئے اس نغمے کے ایک بند کو ۲۴؍ جنوری ۱۹۵۰ء کے دن قومی ترانہ کی سرکاری حیثیت عطا کی گئی۔ ملک کی ہر نصابی کتاب کے اولین صفحات پر یہ ہندی دیوناگری اور متعلقہ زبان کے رسم الخط میں شائع کیا جاتا ہے، اور متعلقہ زبان میں ترجمہ بھی۔ اس کے باوجود یہ کہنا مشکل ہے کہ ملک کے طول و عرض کے عوام اسے بخوبی سمجھتے ہوں۔

راقم کے علم میں تو ایسی کوئی بات نہیں کہ کسی نے انفرادی یا اجتماعی سطح پر، اس ترانے یا اس کی زبان پر کوئی اعتراض کیا ہو۔ زبان نہ سمجھ پانے کے باوجود، بچے بڑے نوجوان بوڑھے کی اکثریت کو یہ ترانہ زبانی یاد ہوتا ہے۔ (خود مجھے اور میرے تمام اہل خانہ کو یہ قومی نغمہ ازبر ہے)۔ البتہ کچھ سال قبل قومی ترانہ کے موضوع پر ہنگامہ ضرور اٹھا تھا، جب مرکزی حکومت نے سینماگھروں میں ہر فلم کے آغاز پر اسے بجانے کا سرکاری حکم نافذ کیا اور فلم بینوں کو مجبور کیا کہ وہ قومی ترانہ کے احترام میں کھڑے ہو جائیں ورنہ سزا بھگتنے تیار رہیں۔ یہ حکم آج بھی نافذ العمل ہے۔ اور جو سماجی جہد کار اور دانشور ایسے جبری حکم پر احتجاج کرتے ہیں وہ بالکل بجا کرتے ہیں۔

واضح رہے کہ ۔۔۔ ہندوستان کی عدالت عالیہ نے ۳۰؍ نومبر ۲۰۱۶ کو یہ ہدایت جاری کی تھی کہ ملک کے تمام سینماگھروں میں، فلم کے آغاز سے قبل، ۵۲ سیکنڈ کا متذکرہ قومی ترانہ لازمی بجایا جائے۔ بعد ازاں ۹؍ جنوری ۲۰۱۸ء کو سپریم کورٹ نے اپنے سابقہ حکم میں ترمیم کرتے ہوئے "لازمی"

[mandatory] کو "اختیاری"[optional] کر دیا۔

دوسری اہم بات یہ ہے کہ ۔۔۔ ہندوستانی آئین کے بموجب، قومی ترانے کے وقت احتراماً کھڑا ہونا واجب ہے، لیکن ترانے کے بول اپنی آواز میں دہرانا یا پرچم کو سلام کرنا، واجب نہیں بلکہ اختیاری ہے۔

☆ ☆ ☆

فلم کا نام (تلگو): آر آر آر || RRR

تاریخ ریلیز: ۲۵ر مارچ ۲۰۲۲ء

فلم کی نوعیت: تاریخی ڈرامار ایکشن

ڈائریکٹر ر اسکرین پلے: ایس ایس راجامولی [S. S. Rajamouli]

کہانی: وی وجیندر پر ساد [V. Vijayendra Prasad]

موسیقی: ایم ایم کیر اوانی [M. M. Keeravani]

مرکزی اداکار: جونئر این ٹی آر، رام چرن، اجے دیوگن، عالیہ بھٹ

فلم کی ریٹنگ: IMDB 8.0

منظر : ۱۳

آر آر آر - ابھرنا گر جنا بغاوت - راجامولی کی مہنگی ترین فلم

(فلم کی ریلیز سے قبل یہ تعارفی مضمون تحریر کیا گیا)

RRR

Rise, Roar, Revolt

باہوبلی: ۲ (ریلیز: اپریل ۲۰۱۷ء) جیسی معرکۃ الآرا فلم کے بعد جنوبی ہند کے ممتاز تلگو فلم ہدایتکار ایس۔ ایس۔ راجامولی کی نئی فلم "آر آر آر" کی ریلیز کی تاریخ ۷؍ جنوری ۲۰۲۲ طے کی گئی ہے۔ رجنی کانت کی ۲.۰، عامر خاں کی "تھگس آف ہندوستان" اور پربھاس کی "ساہو" کے ساتھ ساتھ "آر آر آر" کا شمار بھی ہندوستان کے مہنگے ترین بجٹ والی فلموں میں کیا جا رہا ہے۔

فلم "آر آر آر" کی خیالی داستاں جنوبی ہند کی دو ریاستوں آندھرا پردیش اور تلنگانہ کے سنہ ۱۹۲۰ء کے تاریخی پس منظر میں ہے۔

جنوبی ہند کی نئی تشکیل شدہ ریاست تلنگانہ کے قیام (۲۰۱۴ء) کے بعد، ضلع "عادل آباد" کو تقسیم کر کے ایک نیا ضلع "کمارم بھیم" بنایا گیا جس کا ہیڈ کوارٹر "آصف آباد" ٹاؤن مقرر ہوا۔ بعد ازاں مقامی عوام کے احتجاج پر، نئے ضلع کا مکمل آفیشل نام "کمارم بھیم آصف آباد" رکھا گیا ہے۔

ٹرپل آر میں کمارم بھیم کا کردار جونیئر این۔ ٹی۔ آر (مقبول ترین تلگو فلم اسٹار این۔ ٹی۔ آر کے پوتے) ادا کر رہے ہیں۔

اور

الوری سیتاراما راجو کا کردار رام چرن (تلگو سوپر اسٹار چرن جیوی کے فرزند)۔

تاریخی حقائق کچھ یوں ہیں کہ۔۔۔

آندھرا ضلع وشاکھاپٹنم سے تعلق رکھنے والے الوری سیتاراما راجو، جنوبی ہند کے مجاہد آزادی تھے جنہوں نے قبائلی لوگوں کو برطانوی حکمرانوں کے خلاف سیاسی جدوجہد کے لیے منظم کیا اور ایک مسلح بغاوت کی تنظیم اور قیادت کی، جو تاریخ جنوبی ہند میں 'رمپا بغاوت' کے نام سے مشہور ہے۔ مگر قبائلی لوگوں کے خلاف برطانوی حکومت کی سفاکانہ انتقامی کارروائیوں سے آزردہ ہو کر انہوں نے خود کو حکومت کے حوالے کر دیا تھا، اس کے باوجود انگریز پولیس عہدیداروں نے انہیں دھوکہ سے چنتا پلی کے جنگلات میں درخت سے باندھا اور فائرنگ کرکے سزائے موت دے ڈالی۔ ۱۹۷۴ میں ان کی حیات پر جو یادگار تلگو فلم بنی اس میں الوری کا کردار "کرشنا" (جن کے فرزند آج کے معروف تلگو سوپر اسٹار مہیش بابو ہیں) نے نبھایا تھا۔ یہ فلم مقامی دوردرشن ٹیلی وژن چینل (دوردرشن آندھرا پردیش) پر بیسویں صدی کی آٹھویں دہائی میں ایک سے زائد دفعہ بتائی گئی تھی۔

کمارم بھیم آدی واسی گونڈہ قبیلے کے رہنما تھے جن کا نعرہ تھا: جل جنگل زمین۔

یہ انگریزوں اور سابق ریاست حیدرآباد دکن کی نظام حکومت کے خلاف تھے اور علیحدہ ریاست تلنگانہ کے حامی بھی۔ نظام حکومت کے دوران زمینداروں اور جاگیرداروں کے مسلسل ظلم سے تنگ آ کر انہوں نے علم بغاوت بلند کیا تھا۔ وہ الوری سیتاراما راجو کی "رمپا بغاوت" کی تحریک سے بھی متاثر تھے اور اسی طرز پر آدی واسی گونڈہ قبائل کے حقوق کی حفاظت کی خاطر مسلح جدوجہد کا آغاز کیا۔ سنہ ۱۹۴۰ء میں نظام حکومت کے پولیس کے ساتھ خونیں تصادم میں ہلاک ہوئے۔ ان کی وفات کے برسوں بعد تیلگو لوگ گیتوں کے ذریعے ان کی جدوجہد کا اعتراف کیا گیا ہے۔

فلم "آر آر آر" کی فلم بندی کا آغاز نومبر ۲۰۱۸ء میں حیدرآباد میں ہوا تھا۔ ہندوستان کے مختلف مقامات کے علاوہ یوکرین اور بلغاریہ میں بھی کچھ مناظر فلمائے گئے۔ پھر کرونا وبا کے باعث اس فلم کی شوٹنگ اور تکمیل مسلسل تعطل کا شکار ہوتی رہی۔ گذشتہ سال جولائی-۲۰۲۰ میں فلم کی ریلیز متوقع تھی مگر یہ بھی ممکن نہ ہو سکا۔ دلچسپ بات یہ ہے کہ فلم شوٹنگ کی شروعات کے ایک انٹرویو میں ہدایتکار راجہ مولی نے بتایا کہ اس فلم کا آئیڈیا ان کو مشہور مارکسی رہنما چی گیوارا کی سوانح حیات پر بنی فلم "دی موٹر سیکل ڈائریز" (ریلیز: ۲۰۰۴ء) سے ملا تھا۔

فلم کا ایک کلپ جب گذشتہ سال نومبر میں سوشل میڈیا پر شتر کیا گیا تو اس نے ایک سیاسی تنازعہ کی شکل اختیار کر لی تھی۔ جونیئر این۔ٹی۔ آر (کمارم بھیم) اس کلپ کے ایک منظر میں کرتا پاجامہ، آنکھوں میں سرما اور سر پر ٹوپی کے ساتھ نظر آئے تھے۔ جس پر تلنگانہ کے بھاجپا سیاسی رہنماؤں نے ہنگامہ برپا کر دیا تھا کہ کمارم بھیم نے تو آصف جاہی حکمران کے خلاف بغاوت برپا کی تھی اور وہ ایک آدی واسی قبیلے کے رہنما تھے، تو کیسے انہیں اس لباس میں دکھایا جا سکتا ہے؟ حالانکہ کہانی کار وجیندر پر ساد نے وضاحت بھی کی کہ یہ حکومتِ وقت کو دھوکہ دینے والا ایک منظر ہے۔

واضح رہے کہ جونیئر این ٹی آر اور رام چرن نے اس فلم کے بعض مناظر کی شوٹنگ کے لیے خصوصی تربیت حاصل کی ہے۔ اجے دیوگن نے فلم میں ان دونوں کے روحانی اتالیق کا کردار ادا کیا ہے اور فلم میں فلیش بیک مناظر کے ذریعے ان کا حصہ تقریباً ۴۰ منٹ پر مشتمل ہے۔

☆ ☆ ☆

فلم کا نام: کاروواں || Karwaan

تاریخِ ریلیز: ۳؍اگست ۲۰۱۸ء

فلم کی نوعیت: ڈراما، کامیڈی، ایڈونچر

ڈائریکٹر: آکرش کھرانہ [Akarsh Khurana]

تحریر کردہ: حسین دلال [Hussain Dalal]

موسیقی: پر تیک – انوراگ – عماد [Prateek–Anurag–Imaad]

مرکزی اداکار: ذوالخیر سلمان، عرفان خان اور متھلا پالکر

فلم کی ریٹنگ: IMDB 7.6

منظر : ۱۴

کارواں - ملیالم سینما کے نوجوان اور ممتاز اداکار

ذوالخیر سلمان کی پہلی ہندی فلم

کالج کے زمانے تک (۱۹۹۰ سے قبل) جنوبی ہند کی فلم نگری سے مراد ہم بس یہی تلگو اور تمل سمجھتے رہے یعنی تلگو سے این-ٹی-آر، چرنجیوی، ناگرجنا وغیرہ اور تمل سے رجنی کانت اور کمل ہاسن۔ یہ تو سعودی عرب جانے کے بعد ۱۹۹۵ء میں معلوم ہوا کہ ملیالم سینما بھی پایا جاتا ہے جنوبی ہند میں، جس کے مشہور اداکار مموتی اور موہن لال ہیں۔ ۱۹۹۶ء کے اوائل میں مموتی کو نہایت قریب سے دیکھنے کا اس وقت موقع ملا تھا جب وہ ادائیگی عمرہ ایک ملیالی گارمنٹس شوروم کے افتتاح پر جدہ تشریف لائے۔ نہایت سادہ مزاج شخص جو کسی اینگل سے مشہور اداکار معلوم نہ ہوتا تھا۔

مشہور و مقبول فلمی (مرحوم) رسالہ "شمع" کے مسافرنامہ کی کچھ باتیں یاد آئیں۔۔۔۔ جس میں مسافر (الیاس دہلوی) نے مموتی کی پہلی ہندی فلم 'دھرتی پتر (۱۹۹۳)' کی شوٹنگ کا احوال بیان کرتے ہوئے لکھا تھا کہ :" مموتی کا اصل نام محمد کُٹی اسماعیل ہے، وہ ایک راسخ العقیدہ مسلمان تو ہیں ہی، یہ بھی سننے میں آیا کہ شوٹنگ کے دوران نماز کا ناغہ نہیں کرتے اور ہیر وئینوں کی قربت سے عموماً دور رہتے ہیں۔"

تو یہ محمد کُٹی اسماعیل مموتی پرسوں اس وقت دوبارہ یاد آئے جب معلوم ہوا کہ عرفان خان کی حالیہ فلم "کارواں" میں جو نوجوان ہیرو ہے، وہ پدم شری مموتی کا فرزند ہے اور یہ صاحبزادے خود بھی اس وقت ملیالم فلم نگری کا ایک مقبول چہرہ ہیں۔ ان کا نام اردو میں کیسا لکھا بولا جائے، ابھی ذرا ہم خود کنفیوزڈ ہیں۔۔۔۔ دولخیر یا ذوالخیر سلمان یاد لگیر سلمان؟؟ انگریزی میں تو کچھ یوں لکھا ہے:

Dulquer Salmaan

کاروان، فرزندِ مموتی کی پہلی ہندی فلم ہے۔ دلچسپ کامیڈی فلم ہے اور کم از کم عرفان خان کی خاطر ایک بار تو دیکھی جا سکتی ہے۔ عرفان خان نے گاڑیوں کے کاروبار سے منسلک ایک مسلمان شخص شوکت کا کردار نبھایا ہے۔ ایک حادثے میں فوت والد کی نعش کا صندوق جب ہیرو کو ملتا ہے تو اس میں کسی اور کی نعش رکھی ہوتی ہے۔ نعش کے صندوق کی ادلا بدلی کی خاطر ہیرو صاحب اپنے دوست شوکت کے ساتھ بنگلور سے کوچن (کیرالہ) کا جو سفر طے کرتے ہیں، یہ دلچسپ سفر ہی فلم کی بنیاد ہے۔

عرفان خان نے اسی طرح کے ایک فلمی سفرنامہ 'قریب قریب سنگل' میں اپنی اداکاری کے جوہر دکھائے تھے۔ اس فلم میں دہرہ دون، جے پور اور ریاست سکم کے دارالحکومت گینگٹاک کے سیاحتی مقامات کے نظارے پیش کیے گئے تھے۔

اسی طرز کی ایک اور حالیہ سیاحتی بالی وود فلم شاہ رخ خان کی "جب ہیری میٹ سجل" رہی ہے جو بین الا قوامی تفریحی مقامات ایمسٹرڈم، پریگ، ویانا، لزبن اور بڈاپسٹ کی سیر پر مبنی تھی۔ (گو کہ یہ فلم بری طرح فلاپ رہی)۔

خیر ۔۔۔ کارواں میں فرزندِ مموتی، ذوالخیر سلمان نے اپنے کردار سے انصاف کیا ہے اور یہ کردار اداکار کی شخصیت کو سوٹ کرتا ہوا محسوس ہوتا ہے۔ فلم کا ایک مہمان کردار آملہ بھی ہے جو مشہور تلگو فلم اداکار ناگر جنا کی اہلیہ ہیں، اپنے زمانے کی مشہور تلگو ر ہندی اداکارہ رہی ہیں اور جنہیں راقم نے تین دہائی قبل، اوٹی میں ایک فلم کی شوٹنگ کے دوران دو بدو دیکھا تھا۔

☆ ☆ ☆

HONEST THIEF

ایماندار چور

فلم کا نام: آنسٹ تھیف (ایماندار چور) || Honest Thief

تاریخِ ریلیز: ۱۶؍اکتوبر ۲۰۲۰ء

فلم کی نوعیت: ایکشن تھرلر؍کرائم؍ڈراما

ڈائریکٹر: مارک ولیمز [Mark Williams]

مرکزی اداکار: لیام نیسن، کیٹ والش، جے کورٹنی، انتھونی راموس، جیفری ڈنوون، رابرٹ پیٹرک

فلم کی ریٹنگ: IMDB 6.0

منظر : ۱۵

فلمHonest Thief-لیام نیسن: ایک ایماندار چور

ہالی ووڈ کے تقریباً ستر سالہ اس نامور آئرش اداکار کی شہرت ہرچند کہ اسٹیفن اسپیل برگ کی ۱۹۹۳ءوالی کلاسک موی "شنڈلرس لسٹ" [Schindler's List] سے قائم ہوئی ہے، مگر بیشتر فلم بینوں کی طرح راقم بھی لیام اور اس کی موثر اداکارانہ صلاحیتوں سے اس کی "ٹے کن" سیریز کے ذریعے واقف ہوا ہے، یعنی:

Taken (2008)

Taken-2 (2012)

Taken-3 (2014)

اور آخری فلم لیام کی جو دیکھ رکھی تھی وہ ۲۰۱۸ء کی ایکشن تھرلر "دی کمیوٹر" [The Commuter] ہے۔

اور اب ان دنوں ہالی ووڈ کے منظرنامے پر "ایماندار چور" (ریلیز: اکتوبر-۲۰۲۰) کا شہرہ ہوا تو دیکھنے کی تمنا ہوئی اور عجیب بات کہ بآسانی ٹورنٹ سے حاصل بھی ہو گئی۔

لیام کی یہ تازہ فلم بھی سسپنس فل ایکشن تھرلر ہے مگر سابقہ فلموں کہ بہ نسبت اس میں ایکشن کم اور جذباتی منظر نگاری زیادہ ہے۔۔۔ خاص طور پر فلم کا وہ منظر جہاں لیام اپنی محبوبہ کو اپنی زندگی کا ماضی اور بنک ڈکیتیوں کا پس منظر بتاتا ہے۔

فلم کا بنیادی موضوع اتنا خاص تو نہیں مگر ٹام ڈولن (لیام نیسن) اور اس کی محبوبہ اینی ولکنس (کیٹ والش) اور تینوں ایف۔ بی۔ آئی ایجنٹس (نیونس، ہال اور مئیرس) کی چست کردار نگاری کے سبب

یہ فلم ایک بار یقیناً دیکھی جاسکتی ہے۔

ایک اچکا بھی کبھی اپنے ضمیر کی آواز پر اچھائی کی طرف لوٹ سکتا ہے اور قانون کے نفاذ پر کار بند کسی ادارہ کا کوئی قابل افسر بھی لالچ اور ہوس کے زیر اثر برائی کی راہ پر جا سکتا ہے۔۔۔ مگر جیت بالآخر اچھائی کی ہی ہوگی۔۔۔۔

یہ اس فلم کا مرکزی خیال ہے۔

فلم میں لیام کا کردار ایک ایسے ادھیڑ عمر لٹیرے کا ہے جس کی بینک ڈکیتیوں کی چابکدستی اور نفاست کے سبب ایف۔بی۔آئی نے اسے "اِن اینڈ آؤٹ بینڈٹ" (رفوچکر لٹیرا) کا خطاب دے رکھا ہے۔ امریکہ کی سات ریاستوں کے ۱۲ بنکوں کی ڈکیتی سے تقریباً ۹ ملین ڈالر لوٹ کر اور اپنا کوئی سراغ چھوڑے بغیر فرار ہونے والا لٹیرا جب سائیکالوجی کی ایک ریسرچ اسکالر اینی ولکنس کی زلف گرہ گیر کا اسیر ہوتا ہے، یعنی کہ۔۔۔۔

جب سے اسیر زلف گرہ گیر ہو گیا

میں بے نیاز حلقۂ زنجیر ہو گیا

جاتا کہاں بھلا تری محفل کو چھوڑ کر

میں اپنے آپ پاؤں کی زنجیر ہو گیا

اور یوں بچارے ہیرو کو اپنی عمر کے اس آخری حصہ میں احساس ہوتا ہے کہ:

دعوتِ عشق دے رہی ہے فضا

آج ہو جا کسی حسیں پہ فدا

محبت بڑے کام کی چیز ہے

محبت کے دم سے ہے دنیا کی رونق

محبت نہ ہوتی تو کچھ بھی نہ ہوتی

نظر اور دل کی پناہوں کی خاطر

یہ جنت نہ ہوتی تو کچھ بھی نہ ہوتا

یہی ایک آرام کی چیز ہے

محبت بڑے کام کی چیز ہے

لہذا ہمارا ہیرو، ہیروئین سے ایک سالہ ڈیٹنگ کے بعد محبت کی آواز پر لبیک کہتے ہوئے جرائم کی دنیا سے تائب ہونے کا فیصلہ کرلیتا ہے اور ایف۔ بی۔ آئی سے درخواست کرتا ہے کہ وہ لوٹی گئی تمام رقم کے ساتھ رضاکارانہ گرفتاری دینے کے لیے تیار ہے، اس شرط کےساتھ کہ کم سے کم عرصے کی جیل کی سزا ہو۔

مگر جیسا کہ دنیا کا رواج ہے، ہر محکمے میں کچھ ایسی کالی بھیڑیں ہوتی ہیں جن کا نقطۂ نظر انصاف اور امن کے قیام سے زیادہ اپنے مادی مفادات کو ترجیح دینا ہوتا ہے۔ لہذا اسیاہ دل ایف۔ بی۔ آئی ایجنٹ نیونس نہ صرف لوٹ کی رقم پر قبضہ کرتا ہے بلکہ عین موقع پر پکڑے جانے کے نتیجے میں اپنے سربراہ کو گولی مار کر ہلاک کرتا ہے اور لیام کی محبوبہ کو بھی سنگین طرح سے زخمی کرتے ہوئے اسے موت و زیست کی کشمکش میں مبتلا کر دیتا ہے۔

ظاہر ہے اب یہاں سے ہمارے ہیرو کا فرض بن جاتا ہے کہ وہ اپنی ماہرانہ صلاحیتوں کے بل پر اصل مجرم کو کیفر کردار تک پہنچائے اور خود اپنے دامن پر لگے داغوں کو صاف کرے۔ مگر کیسے؟

اب اس دلچسپ، سنسنی خیز اور سسپنس فل روداد کو جاننے کے لیے فلم دیکھنا لازمی ہے۔

☆ ☆ ☆

ہندی فلم: زنجیر (ریلیز: مئی ۱۹۷۳ء)، IMDb : 7.6

،، تلگو فلم: نپولانٹی منشی (آگ جیسا آدمی)(ریلیز: اکتوبر ۱۹۷۴ء)، IMDb : 6.2

ہندی فلم: دیوار (ریلیز: جنوری ۱۹۷۵ء)، IMDb : 8.1

،، تلگو فلم: مگاڈو (مرد)(ریلیز: مئی ۱۹۷۶ء)، IMDb : 7.4

ہندی فلم: ڈان (ریلیز: مئی ۱۹۷۸ء)، IMDb : 7.8

،، تلگو فلم: یوگندھر (ریلیز: نومبر ۱۹۷۹ء)، IMDb : 6.3

ہندی فلم: سہاگ (ریلیز: اکتوبر ۱۹۷۹ء)، IMDb : 6.7

،، تلگو فلم: ستیم شیوم (ریلیز: مئی ۱۹۸۱ء)، IMDb : 7.2

ہندی فلم: لاوارث (ریلیز: مئی ۱۹۸۱ء)، IMDb : 7.1

،، تلگو فلم: نادیشم (ریلیز: اکتوبر ۱۹۸۲ء)، IMDb : 7.1

منظر : ۱۶

امیتابھ بچن کی مقبول ہندی فلموں کے تلگوری-میک میں این۔ٹی۔آر کی مقبولیت

(تحریر : مکرم نیاز ریحیٰ خان)

جنوبی ہند کی تلگو فلمی صنعت میں جو مقبولیت اور شہرت این۔ٹی۔آر (نند اموری تارک راما راؤ) (پیدائش: ۲۸؍ مئی ۱۹۲۳ء، وفات: ۱۸؍ جنوری ۱۹۹۶ء) کو حاصل ہوئی شاید ہی کسی اور ہیرو کو ملی ہو۔ ان کی متعدد فلموں نے بے تحاشا عوامی مقبولیت کے ریکارڈ قائم کیے اور تلگو باکس آفس پر سوپر ہٹ بھی ثابت ہوئیں۔ این ٹی راما راؤ نے کئی فلمی اداروں کو بھی اپنے ساتھ شہرت اور نمایاں شناخت دلائی۔

این ٹی آر کے متعلق کہا جاتا ہے کہ ہر کوئی وقت کے ساتھ چلتا ہے لیکن این ٹی آر نے وقت کو اپنے ساتھ چلایا۔ مشہور ہندی فلموں کا تلگوری-میک بنانے کا سہرا این ٹی راما راؤ کے سر باندھا جاتا ہے۔ ہندی سے تلگو زبان میں بنائی گئیں یہ فلمیں مشہور بھی ہوا کرتی تھیں اور ان کی آمدنی بھی متاثر کن ہوتی تھی۔

ذیل میں بالی وڈ کی ہندی فلموں کے سوپر اسٹار امیتابھ بچن (پیدائش: ۱۱؍ اکتوبر ۱۹۴۲ء، الہ آباد) کی ان پانچ مشہور فلموں کا مختصر جائزہ پیش ہے جن کے تلگوری-میک کے ذریعے این۔ٹی۔راما راؤ نے بھی اپنی اداکارانہ صلاحیتوں کے جھنڈے گاڑے تھے۔

(۱)

ہندی فلم ؛ زنجیر (ریلیز: مئی ۱۹۷۳ء)، 7.6 : IMDb

تلگو فلم؛ نپولانٹی منشی (آگ جیسا آدمی)(ریلیز: اکتوبر ۱۹۷۴ء)، 6.2 : IMDb

این ٹی آر نے اپنی عمر کے ۵۲ ویں سال میں فلم "نپولانٹی منشی (آگ کے جیسا آدمی)" میں اپنی لازوال اداکاری کے جوہر دکھائے اور یوں اس فلم نے نہ صرف بلاک بسٹر کامیابی حاصل کی بلکہ ایک پولیس آفیسر کے رول نے دیگر فلموں میں بھی پولیس کے مثبت کردار کے راستے کھول دیئے تھے۔ دراصل یہ فلم امیتابھ بچن کی ہندی فلم "زنجیر"کاری میک تھی جس سے خود امیتابھ بچن نے "اینگری ینگ مین"کالقب حاصل کرتے ہوئے ہندی فلم انڈسٹری میں اپنی شناخت قائم کی تھی۔ اس وقت امیتابھ بچن کی عمر ۳۲ سال تھی اور اسی ہندی فلم کے تلگوری میک میں ۵۲ سالہ این ٹی آر نے امیتابھ بچن کا کردار ادا کرتے ہوئے ایک ریکارڈ قائم کر دیا تھا۔ دوسری جانب یہ بات قابلِ غور ہے کہ یہی امیتابھ بچن اپنی عمر کے ۷۲ سال میں ہندی فلموں میں کیرکٹر ایکٹر کا رول ادا کرنے پر مجبور رہے! واضح رہے کہ مقبول تلگو سوپر اسٹار چرنجیوی کے اداکار فرزند رام چرن نے بھی ہندی فلم "زنجیر" کے تلگوری میک "طوفان" (ریلیز: ستمبر ۲۰۱۳ء) میں مرکزی کردار نبھایا لیکن انہیں کوئی خاص کامیابی حاصل نہیں ہوئی۔ ویسے رام چرن نے اپنی اسی تلگو فلم کو ہندی میں بھی "زنجیر" کے نام سے ہی پیش کیا تھا۔

(۲)

ہندی فلم؛ دیوار (ریلیز: جنوری ۱۹۷۵ء)، 8.1 : IMDb

تلگو فلم؛ مگاڈو (مرد) (ریلیز: مئی ۱۹۷۶ء)، 7.4 : IMDb

"دیوار" نے جہاں امیتابھ بچن کے شعلہ صفت جوان مرد کے کردار کو استحکام بخشا تھا وہیں این۔ٹی۔ آر نے بھی اس کے تلگوری میک "مگاڈو" (مرد) کے ذریعے بے انتہا مقبولیت سمیٹی۔ ششی کپور والا متوازی کردار فلم مگاڈو میں راما کرشنا نے نبھایا تھا۔ اور فلم کے ہدایتکار ایس۔ڈی۔لال تھے۔

(۳)

ہندی فلم؛ ڈان (ریلیز: مئی ۱۹۷۸ء)، 7.8 : IMDb

تلگو فلم؛ یوگندھر (ریلیز: نومبر ۱۹۷۹ء)، 6.3 : IMDb

فلم "ڈان" کو امیتابھ بچن کے کیرئر کی مقبول ترین فلم باور کیا جاتا ہے۔ جنوبی ہند کی تقریباً تمام زبانوں میں اس گینگسٹر تھرلر کو منتقل کیا گیا تھا۔ جس میں سب سے پہلے این۔ٹی۔ آر کی "یوگندھر" مشہور و مقبول ہوئی جس کی ہدایت کاری کا فریضہ کے۔ایس۔ آر داس نے نبھایا، جیا سدھانے ہیروئین کا کردار ادا کیا اور الیہ راجا فلم کے موسیقار تھے۔

دیگر ری-میک میں، تمل میں رجنی کانت نے "بِلّا" (۱۹۸۰ء)، تمل میں ہی اجیت کمار نے بھی "بِلّا" (۲۰۰۷ء)، تلگو میں پربھاس نے "بِلّا" (۲۰۰۹ء) اور ملیالم میں موہن لال نے شوبھراج (۱۹۸۶ء) بنائی۔ اسی طرح شاہ رخ خان نے بھی فرحان اختر کی "ڈان" (۲۰۰۶ء) میں مرکزی کردار نبھانے کے علاوہ اسی کے سیکوئیل "ڈان:۲" (۲۰۱۱ء) میں بھی اپنی اداکاری کے جوہر دکھائے تھے۔

(۴)

ہندی فلم؛ سہاگ (ریلیز: اکتوبر۱۹۷۹ء)، 6.7 : IMDb

تلگو فلم؛ سیتم شیوم (ریلیز: مئی۱۹۸۱ء)، 7.2 : IMDb

امیتابھ بچن اور ششی کپور کی مشہور مکس مسالہ فلم سہاگ، این ٹی راما راؤ نے تلگو میں "سیتم شیوم" کے نام سے بنائی جس میں ششی کپور والا کردار اس وقت کے فیملی ہیرو کی پہچان کے حامل اکینینی ناگیشور راؤ نے نبھایا تھا۔ اسی طرح امیتابھ کی ہیروئین ریکھا کا کردار تلگو فلم میں این ٹی آر کے مقابل سری دیوی نے اور ششی کپور کی ہیروئین پروین بابی کا کردار ناگیشور راؤ کے مقابل رتی اگنی ہوتری نے ادا کیا۔ فلم کی ہدایت اور اسکرین پلے کی ذمہ داری مشہور ہدایت کار کے۔ راگھویندر راؤ نے نبھائی تھی۔

(۵)

ہندی فلم؛ لاوارث (ریلیز: مئی۱۹۸۱ء)، 7.1 : IMDb

تلگو فلم؛ ناد یشم (ریلیز: اکتوبر۱۹۸۲ء)، 7.1 : IMDb

امیتابھ بچن کی فلم "لاوارث" کئی لحاظ سے ایک یاد گار فلم کہی جا سکتی ہے جس نے اپنے دور میں باکس آفس کے ہر علاقے میں تقریباً دو کروڑ سے زائد کمائی کی جبکہ اس وقت (سنہ ۱۹۸۴ء) تک مجموعی

طور پر ہندی فلم انڈسٹری کی صرف تیرہ (۱۳) عدد فلمیں ہی اس نشانہ کو عبور کر پائی تھیں۔ اس فلم میں مختلف خواتین کا بھیس بدل کر امیتابھ بچن کا گایا ہوا نغمہ "میرے انگنے میں تمہارا کیا کام ہے" بھی شہرت حاصل کی تھی۔ حالانکہ اسی نغمہ کو فلم میں الکا یاگنک نے بھی اپنی آواز دی تھی۔

تلگو زبان میں این۔ ٹی۔ آر کی ری-میک فلم "نادیشم" (میرا ملک) نے بھی یکساں سطح کی مقبولیت حاصل کی اور آل ٹائم سپر ہٹ کا لقب جیتا۔

تلگو فلم "نادیشم" کی خصوصیت یہ رہی کہ اس فلم کے ریلیز ہونے کے ۷۰ دن بعد ہی این ٹی آر نے ۹؍ جنوری ۱۹۸۳ کو اس وقت کی متحدہ ریاست آندھرا پردیش کے پہلے غیر سیاسی اور غیر کانگریسی چیف منسٹر کی حیثیت سے حلف لیا تھا۔ این۔ ٹی۔ آر نے ۲۹؍ مارچ ۱۹۸۲ کو اپنی سیاسی جماعت "تلگو دیشم" کے نام سے قائم کی تھی۔ این ٹی آر کی فلمی مقبولیت میدان سیاست میں بھی کام آگئی اور اس وقت منعقدہ انتخابات میں ۲۹۴ رکنی ریاستی اسمبلی میں این ٹی آر کی جماعت تلگو دیشم نے ۲۰۲ نشستیں حاصل کی تھیں۔

٭ ٭ ٭

علاوہ ازیں این۔ ٹی۔ آر نے امیتابھ بچن کی فلم "دو انجانے" کے تلگوری-میک "ماواری منچی تنم" (ہمارے اپنوں کا اچھا پن) میں بھی بحیثیت مرکزی اداکار کام کیا۔

امیتابھ بچن اور ونود کھنہ کی ملٹی اسٹارر فلم "ہیرا پھیری" جو کہ کامیڈی اور فیملی فلم تھی، اس کے تلگو ری-میک "راما کرشنولو" میں این۔ ٹی۔ آر کے ساتھ ونود کھنہ والا کردار اکینینی ناگیشور راؤ نے نبھایا۔ چونکہ این ٹی آر اور ناگیشور راؤ کے اپنے اپنے مداحوں پر مختص لاتعداد فلمی گروہ تھے لہذا اس تلگوری-میک نے بھی بے تحاشا کامیابی سمیٹی۔

امیتابھ بچن اور ونود کھنہ کی ایک اور مشترک کامیاب فلم "خون پسینہ" (۱۹۷۷) کی تلگوری-میک جب "ٹائیگر" (۱۹۷۹) کے عنوان سے بنی تو اس میں امیتابھ کا کردار این۔ ٹی۔ آر نے اور ونود کھنہ کا کردار رجنی کانت نے نبھایا تھا۔ "ٹائیگر" نہ صرف فلمی دنیا میں رجنی کانت کی ۵۰ ویں فلم تھی بلکہ

این۔ٹی۔ آر کے ہمراہ ان کی یہ واحد فلم بھی قرار پائی۔

لیکن یہ حقیقت اپنی جگہ قابل غور ہے کہ جہاں این ٹی آر نے امیتابھ بچن کی نصف درجن سے زیادہ مشہور ہندی فلموں کے تلگوری میک میں کام کیا وہیں امیتابھ بچن نے این ٹی آر کی کسی ایک بھی مشہور تلگو فلم کے ہندی ری میک میں اداکاری نہیں کی۔ تلگو فلموں کے ہندی ری-میک کے میدان میں البتہ جتیندر نے کافی کام کیا ہے، مگر وہ کس معیار کا کام رہا، یہ ہندی فلم بین اچھی طرح جانتے ہیں۔

☆ ☆ ☆

فلم کا نام: گنگوبائی کاٹھیاواڑی||Gangubai Kathiawadi

تاریخ ریلیز: ۲۵؍ فروری ۲۰۲۲ء

فلم کی نوعیت: ڈراما، بائیوگرافی، کرائم

ڈائریکٹر، اسکرین پلے: سنجے لیلا بھنسالی[Sanjay Leela Bhansali]

کہانی: حسین زیدی[Hussain Zaidi]

موسیقی: سنچت وانکت[Sanchit-Ankit Balhara]

مرکزی اداکار: عالیہ بھٹ، شانتانو مہیشوری، وجے راز، سیما پہوا

فلم کی ریٹنگ: IMDB 7.0

منظر : ۱۷

گنگو بائی کاٹھیاواڑی – سنجے لیلا بھنسالی کا پھیکا سو کھا تجربہ

ہمارے حبیب لبیب مرزا بہت دن بعد اتوار صبح کی چائے پر بارہ بجے کے قریب مخصوص ہوٹل میں ملے۔ اور ملتے ہی مجھ ناچیز کی زبان سے خود مرزا کی ایجاد کردہ متنوع قسم کی گالیاں پے در پے سنیں تو پہلے تو ہکا بکا رہ گیا ہوئے، مگر جب ایک گالی کے بیچ "بھنسالی" کا نام سنا تو قہقہہ در قہقہہ لگانے لگے۔
"لا ملا پا شاہا تھ۔۔۔ تیرے منہ میں گھی شکر اور اس سالے بھنسالی کے منہ میں۔۔۔"
آگے جو مرزا کی نو ایجاد کردہ اصطلاح رہی وہ نہایت ہی ناقابلِ اشاعت ہے۔
اتفاق سے مرزا بھی کل پرانے شہر کی ایک مشہور ملٹی پلیکس میں "گنگو بائی کاٹھیاواڑی" دیکھ آئے تھے اور ہماری طرح موڈ ان کا بھی خراب تھا۔ بولے کہ آدھی برقعہ پوش پبلک کو سانپ سونگھا ہوا تھا اور باقی آدھی روایتی حیدرآبادی کوسنے دیتے باہر نکل رہی تھی۔
ہم بھی پرانے شہر کے باسی ہونے کے سبب یہیں کی تھیٹروں سے فیضیاب ہوتے ہیں، مگر اس دفعہ ذرا نئے شہر کا جائزہ لینے ایک مشہور پی۔ وی۔ آر سنے پلیکس چلے گئے۔ مگر خدا جھوٹ نہ بلوائے، آغاز درمیان اور اختتام کے قریب دو چار پانچ لوگ اپنی نشستیں چھوڑ کر واپس جا رہے تھے۔ تقریباً یہی صورتحال گذشتہ ہفتے دیکھی گئی "بدھائی دو" پر بھی نظر آئی تھی۔ اس لحاظ سے ہمارے کچھ فلم کریٹکس دوستوں کا یہ کہنا بجا لگتا ہے کہ بالی ووڈ ڈبانچھ ہوتا جا رہا ہے اور ساؤتھ انڈیا معیاری فلمیں دینے میں اپنی مقبولیت قائم کر رہا ہے، مثلاً حال کی یہ چند فلمیں: جئے بھیم، ماناڈو، پشپا، شیام سنگھا رائے، در شیم-2، ڈاکٹر، ماسٹر وغیرہ۔ اور آنے والی ٹرپل آر، رادھے شیام اور کے۔ جی۔ ایف۔ ٹو۔
اس فلم گنگو بائی کے اختتام پر، ساتھ والی نشست سے اٹھتے، جینس پینٹ ہاف ٹی شرٹ میں ملبوس

ایک تقریباً ساٹھ سالہ بزرگ کا، گجراتی لہجے میں اپنی رفیقہ کار سے کیا گیا گرم شکوہ سنائی دے گیا تھا:

"ہر کوئی کمال امروہی نہیں بنتا! کیا پاکیزہ کے گانے آج بھی ہم تم نہیں سنتے؟ کیا پاکیزہ کا کوئی سین دیکھتے ہوئے ہم کو نظریں جھکانی پڑی تھیں؟"

جی میں آیا کہ کہا جائے: گھر پہنچنے تک گنگوبائی کا کوئی ایک گانا بھی یاد نہیں آئے گا۔

خیر مرزا کو گجراتی بزرگ کا مکالمہ سناتے ہوئے کہا:

"ہم تم نے انٹرمیڈیٹ میں پڑھا تھا 'آنندی'۔ وہ صرف ایک افسانہ تھا، مگر غلام عباس آج بھی اسی ایک افسانے کے بل پر ادبی دنیا میں مشہور ہے۔ کاش بھنسالی کو کوئی وہ افسانہ ہی پڑھوا یا سنا دیتا۔"

"وہ سوب جان دو پاشا۔ ایک افسانہ ہو یا دس ناول۔۔۔ میرے کو اس سے مطلب اچ نئیں۔ میں نے بھنسالی کی جن جن فلموں کی تعریف کی تھی وہ سوب آج واپس لے لیا سمجھو۔۔۔"

مرزا نام گنانے لگ گئے:

"ہم دل دے چکے صنم، سانوریا، خاموشی، پدماوت، باجی راؤ مستانی"

پھر حیدرآبادی اشٹائل میں آدھی پیالی والی بچی چائے زور سے سڑکی اور بآواز بلند گنگناتے نکل گئے:

تیری دنیا سے ہو گئے مجبور چلا

میں بہت دور، بہت دور، بہت دور چلا

☆ ☆ ☆

فلم کا نام: نکاح||Nikaah

تاریخ ریلیز: ۲۴؍ ستمبر ۱۹۸۲ء

فلم کی نوعیت: ڈراما، رومانس

ڈائریکٹر، پروڈیوسر: بی آر چوپڑہ [B. R. Chopra]

تحریر کردہ: ڈاکٹر اچلا نگر [Dr. Achla Nagar]

موسیقی: روی [Ravi]

مرکزی اداکار: راج ببر، دیپک پراشر، سلمیٰ آغا

فلم کی ریٹنگ: IMDB 6.9

منظر   :   ۱۸

تین طلاق کا موضوع اور بی۔ آر۔ چوپڑہ کی ۱۹۸۲ء کی فلم نکاح

ڈاکٹر عبدالرحیم خان، ہمارے ایک بہت اچھے فیس بک دوست ہیں۔ کشادہ دل، حاضر جواب اور مخلص طبع۔ ماہ رمضان کے دوران ایک جگہ انہوں نے اپنے ایک کمنٹ میں مجھ خاکسار کو مخاطب کر کے لکھا تھا:

ویسے آپ کے ہمنام بڑے دلچسپ ہوتے ہیں۔ علیگڑھ تعلیم کے دوران ہمارے ایک عزیز مکرم بھائی ہوا کرتے تھے۔ ایک دن افطار پر انہوں نے دعوت دی۔ میں ان کے کمرے پہونچا تو کیا دیکھتا ہوں کہ ایک سرخ رنگ کا ٹیپ ریکارڈر اور سینکڑوں کیسیٹس پڑی ہیں۔ پوچھ بیٹھا۔۔۔۔ مکرم بھائی! آپ رمضان میں بھی گانے سنتے ہیں؟۔۔۔۔ برجستہ بول پڑے۔۔۔۔ "کیا رمضان میں مغل اعظم اور نکاح کے بھی گانے نہیں سن سکتے؟"

مغل اعظم کا ذکر پھر کبھی سہی مگر فی الوقت فلم "نکاح" کا ذکرِ خیر ہو جائے۔۔۔۔ ستمبر ۱۹۸۲ء میں ریلیز ہوئی یہ فلم "طلاق" (ایک نشست کی تین طلاق) کے موضوع پر تھی اور ریلیز سے قبل ہی تنازعات میں پھنسا دی گئی تھی۔ بی۔ آر۔ چوپڑا جیسے ممتاز ہدایت کار کی فلم تھی اور فلمساز بھی وہی تھے۔ فلم کا نام پہلے پہل "طلاق طلاق طلاق" رکھا گیا تھا۔ مذہبی طبقے نے شدید احتجاج شروع کر دیا کہ میاں اور بیوی فلم دیکھ کر آئے اور فلم کا نام پوچھ لے تو طلاق پڑ جائے گی! بہرحال اس وقت اردو اخبارات میں اسی ضمن میں مزے مزے کی خبریں اور مراسلے پڑھنے کو ملتے تھے۔ ان دنوں ہم دسویں جماعت میں زیرِ تعلیم تھے۔ اور یاد ہے کہ پرانا شہر ہو کہ نیا شہر۔۔۔۔ جگہ جگہ

جگہ ہوٹلوں میں، پان کے ڈبوں پر، کرانہ کی دکانوں کے ٹیپ ریکارڈر سے فلم "نکاح" کے نغمے خوب بجا کرتے تھے۔ واضح رہے کہ اس فلم کا نغمہ "بیتے ہوئے لمحوں کی کسک ساتھ تو ہوگی" ہماری جامعہ عثمانیہ کے مشہور و مقبول عام آرٹس کالج کے مرکزی ہال میں فلمایا گیا تھا۔ بلکہ فلم میں ہیرو اور ہیروئین، حیدر (راج ببر) اور نیلوفر (سلمٰی آغا) دونوں کو جامعہ عثمانیہ کا طالب علم بتایا گیا تھا۔

اواخر ١٩٨٢ء میں والد صاحب پہلی بار چھٹی پر سعودی عرب سے حیدرآباد تشریف لائے تھے۔ اپنے ہمراہ ٹیپ ریکارڈر اور کچھ پرانی قدیم فلموں کے آڈیو کیسٹ کے ساتھ ساتھ فلم "نکاح" کے تمام نغموں کا کیسٹ بھی۔ وہ کیسٹ اتنی بار بجا اتنی بار بجا کہ... پھر ایک ہی سال میں گھر ر ر ر ر ریں کی آواز کے ساتھ ٹیپ کا فیتہ انتقال کر گیا تھا۔

دوسرا واقعہ ١٩٨٩ء اگست کا ہے۔ کالج کے ہم تمام ہم جماعت ڈگری سرٹیفیکیٹ لینے جامعہ عثمانیہ کے انجینئرنگ کالج پہنچے تھے جہاں حیدرآباد کے تمام انجینئرنگ کالجز کے طلباء طالبات کا مجمع تھا۔ خوب ہلہ گلہ مچا، فلمی انتاکشری کے مقابلے ہوئے۔ آخر میں شہر کے ایک مشہور انجینئرنگ کالج کی ایک طالبہ نے جب یہ نغمہ نہایت پر اثر انداز میں سنایا تو لاتعداد طلبا اپنے اپنے ساتھیوں کے گلے لپٹ کر آنسو بہانے لگ گئے تھے

ابھی　　الوداع　　مت　　کہو　　دوستو

نجانے　پھر　کہاں　ملاقات　ہو، کیوں کہ

بیتے　ہوئے　لمحوں　کی　کسک　ساتھ　تو　ہوگی

خوابوں　میں　ہی　ہو　چاہے　ملاقات　تو　ہوگی

یہ　پیار　میں　ڈوبی　ہوئی　رنگین　فضائیں

یہ چہرے یہ نظارے یہ جواں رُت یہ ہوائیں

ہم　جائیں　کہیں　ان　کی　مہک　ساتھ　تو　ہوگی

پھولوں　کی　طرح　دل　میں　بسائے　ہوئے　رکھنا

یادوں کے چراغوں کو جلائے ہوئے رکھنا

لمبا ہے سفر اس میں کہیں رات تو ہوگی

یہ ساتھ گزارے ہوئے لمحات کی دولت

لذت کی دولت یہ خیالات کی دولت

کچھ پاس نہ ہو پاس یہ سوغات تو ہوگی

بیتے ہوئے لمحوں کی کسک ساتھ تو ہوگی

فلم "نکاح" کے دو مرکزی مرد اداکار راج ببر اور دیپک پر اثر رہے ہیں۔ اور اس دور میں ان دونوں کی جوڑی اسی طرح مشہور رہی جیسے کچھ زمانے بعد انل کپور اور جیکی شراف مشہور ہوئے۔ راج اور دیپک کی انٹری غالباً ایک ساتھ ہی ۱۹۸۰ء میں ہوئی تھی۔ مگر راج ببر نے دیپک کے مقابلے میں بہت نام کمایا اور ان کی فلمیں بھی کافی پسند کی گئیں: انصاف کا ترازو، آپ تو ایسے نہ تھے، پونم، پریم گیت، ارمان، نکاح، اگر تم نہ ہوتے، مزدور، نوکر بیوی کا، آج کی آواز، اعتبار، عوام، لاوا وغیرہ۔ راج ۸۰ کی دہائی میں اپنی اداکاری کے بل پر اتنے مقبول ہوئے کہ کچھ فلمی حلقوں میں کہا جانے لگا تھا کہ امیتابھ بچن کے ٹکر پر راج ببر آ گیا ہے۔ راج ببر اور دیپک پر اثر دونوں ہی مشہور و مقبول فلمساز ہدایت کار بی۔ آر۔ چوپڑا کی دریافت ہیں۔ حالانکہ بی۔ آر۔ چوپڑا نے جب "انصاف کا ترازو" میں راج ببر کو پہلا موقع دیا تو اس فلم میں ان کا منفی کردار رہا تھا، مگر اسی کردار پر مبنی اپنی موثر اداکاری کے سہارے انہوں نے فلمی دنیا میں اپنی شناخت قائم کی۔

دلچسپ بات یہ ہے کہ اس دور کے جتنے اچھے اور مقبول ترین نغمے رہے وہ سب راج ببر کے ہی حصے میں آئے: دل کی یہ آرزو تھی کوئی دلربا ملے (نکاح)، تو اس طرح سے میری زندگی میں شامل ہے (آپ تو ایسے نہ تھے)، ہونٹوں سے چھو لو تم میرے گیت امر کر دو (پریم گیت)، میرے پیار کی عمر ہو اتنی صنم (وارث)۔ مشہور ترقی پسند ادیب سجاد ظہیر کی دختر نادرہ ظہیر سے راج ببر کی شادی ۱۹۷۵ء میں ہوئی تھی اور سمیتا پاٹل (وفات: دسمبر ۱۹۸۶ء) سے انہوں نے ۱۹۸۵ میں بیاہ رچایا جن

سے ان کی اولاد پر تیک بہر ہے جو بالی ووڈ کی آج کی نسل کا اداکار ہے۔ راج بہر ان دنوں میدانِ سیاست کا ایک اہم نام ہیں۔

پاکستانی نژاد برطانوی اداکارہ سلمیٰ آغا نے پہلی بار اسی فلم "نکاح" کے ذریعے بالی ووڈ میں داخلہ لیا تھا۔ اسی فلم میں ان کا گایا ہوا نغمہ "دل کے ارماں آنسوؤں میں بہہ گئے" آج بھی ان کی نمایاں پہچان ہے۔ اور اسی نغمہ پر انہیں ۱۹۸۲ء کا بہترین گلوکارہ کا فلم فیئر ایوارڈ حاصل ہوا تھا۔ اپنی گلوکاری کے باعث ہی انہوں نے مقبولیت حاصل کی ورنہ اداکاری کے ذیل میں ان کی کوئی خاص شناخت قائم نہیں ہو پائی۔ یہ صحیح ہے کہ فلم "نکاح" میں انہوں نے حیدرآبادی طالبہ، خاتون نیلوفر کا جو کردار نبھایا وہ واقعی پر اثر تھا۔ ان کے نغموں کے کچھ آڈیو البم بھی ٹی۔ سیریز نے جاری کیے تھے جس میں "میرا نام یاد رکھنا" ہندوستان کے بڑے شہروں میں کافی مقبول ہوا۔ سلمیٰ آغا ان دنوں ممبئی میں مقیم ہیں، انہیں ۲۰۱۷ء میں ہندوستانی حکومت نے "غیر ملکی ہندوستانی" کی شہریت عطا کی ہے۔

فلم نکاح میں موسیقار روی کی موسیقی کی دادِ دینا یقیناً انصافی ہو گی۔ روی ساٹھویں دہائی کے مقبول عام موسیقار رہے، جن کے فنِ موسیقی کی تعریف ہم نے اپنے بچپن میں بزرگوں سے اکثر و بیشتر سن رکھی تھی۔ غالباً "نکاح" ہی کے ذریعے بالی ووڈ میں ان کی دوسری اننگ کا آغاز ہوا۔ بطور خاص گانا "فضا بھی ہے جواں جواں" کی جو پسِ منظر موسیقی ہے وہ بالی ووڈ کے فلمی نغموں میں نادر و نایاب ہے۔ کم از کم مجھے لگتا ہے کہ اس طرز پر دوسری دھن جو تخلیق کی گئی ہے، وہ راہل دیو برمن کی "کچھ نہ کہو" (فلم: ۱۹۴۲ اے لَو اسٹوری، ریلیز: ۱۹۹۴) ہے۔ جبکہ میرے دوست مرزا مذاقاً کہتے ہیں کہ: ان دونوں گانوں کی صرف موسیقی سن لی جائے تو بندہ چار پانچ گھنٹوں کی آرام دہ نیند لے سکتا ہے۔

میری معلومات کے مطابق لکھنؤ کے نمائندہ شاعر حسن کمال بھی اسی "نکاح" کے ذریعے فلم انڈسٹری میں متعارف ہوئے تھے۔ اور مہندر کپور تو تھے ہی ایک منفرد آواز کے مالک۔ خاص طور پر

بیتتے ہوئے لمحوں کی کسک اور دل کی یہ آرزو تھی کوئی دلربا ملے ۔۔۔ انہوں نے راج ببر کی آواز کے اتار چڑھاؤ اور آہنگ میں جو گایا ہے وہ بار بار سننے جانے کے لائق ہے۔

بالی ووڈ کا وہ بھی ایک سنہرا دور تھا کہ مسلم مسائل کو فلم کا مرکزی موضوع بنایا بھی جاتا تھا تو غیر متعصب انداز میں اور عوامی تفریح کا خیال رکھتے ہوئے۔ ایک نشست کی تین طلاق گو کہ مسلم معاشرے کا ہمیشہ سے حساس موضوع رہا ہے مگر بی۔ آر۔ چوپڑہ نے اس مسئلے کو فلم کے آخر میں جس طرح انسانی مسئلہ کے طور پر اجاگر کیا وہ قابل تعریف ہے۔ دلچسپ بات یہ ہے کہ فلم "نکاح" کی ریلیز کے اگلے ہی ماہ یعنی اکتوبر ۱۹۸۲ء میں اسی تین طلاق کے موضوع پر ممتاز ہدایتکار راہل رویل کی بھی فلم "دیدارِ یار" (جتیندر، رشی کپور اور ٹینا منیم) ریلیز کی گئی تھی۔ "نکاح" کے حیدرآبادی ماحول کے برخلاف "دیدارِ یار" کا پس منظر لکھنؤی کی تہذیب و معاشرت تھی۔ مگر افسوس کہ فلم فلاپ گئی۔ حالانکہ فلم میں ایک طوائف کے طور پر ریکھا کا موثر کردار بھی شامل تھا۔

☆ ☆ ☆

شاہ رخ خاں کی بلاک بسٹر فلمیں:

چنئی ایکسپریس (۲۰۱۳)، رب نے بنا دی جوڑی (۲۰۰۸)، اوم شانتی اوم (۲۰۰۷)، چک دے انڈیا (۲۰۰۷)، کبھی خوشی کبھی غم (۲۰۰۱)، کچھ کچھ ہوتا ہے (۱۹۹۸)، دل والے دلہنیا لے جائیں گے (۱۹۹۵)، کرن ارجن (۱۹۹۵)، ڈر (۱۹۹۳)

شاہ رخ خاں کی سپر ہٹ فلمیں:

ہیپی نیو ایئر (۲۰۱۴)، ویر زارا (۲۰۰۴)، محبتیں (۲۰۰۰)، دل تو پاگل ہے (۱۹۹۷)، بازیگر (۱۹۹۳)

شاہ رخ خاں کی چند فلاپ فلمیں:

زیرو (۲۰۱۸)، جب ہیری میٹ سجل (۲۰۱۷)، فین (۲۰۱۶)، بِلو (۲۰۰۹)، سوا دیس (۲۰۰۴)، اشوکا (۲۰۰۱)، پھر بھی دل ہے ہندوستانی (۲۰۰۰)، دل سے (۱۹۹۸)، چاہت (۱۹۹۶)، گڈو (۱۹۹۵)، کنگ انکل (۱۹۹۳)

منظر : ۱۹

بالی ووڈ کنگ خان کا تابناک دور، منفرد فلمیں

منظرِ اول:

مقام: کرلا (ممبئی) کا ایک مکان، تاریخ: ۱۸؍ جنوری ۱۹۸۹ء، وقت: 9 بجے شب انجینئرنگ گریجویشن کے آخری سال کے فائنل امتحانات سے چند ماہ قبل ہم تمام ہم جماعت کالج انتظامیہ کی اجازت سے جنوبی ہند کے مختلف مقامات کی سیر و تفریح کے لیے نکلے تھے، آخری پڑاؤ ممبئی تھا۔ اتفاق سے ممبئی میں راقم کے ایک قلمی دوست سے پہلی روبرو ملاقات کا نادر موقع بھی دستیاب ہوا، وہ گھر لے گئے جہاں ان کے والدین اور تینوں بھائی عشائیہ پر منتظر تھے۔ اس زمانے میں انٹر ٹینمنٹ کا واحد ذریعہ ٹیلی وژن تھا اور عموماً رات کے کھانے پر ٹی۔وی کے سامنے تمام اہل خانہ جمع ہوتے تھے۔ تو کھانے کے دوران اچانک سب کی نظریں ٹی۔وی کے ایک نئے سیریل پر جیسے چسپاں ہو کر رہ گئیں کہ اس میں ایک بھولا بھالا نوجوان فوجی مشقوں کے دوران اپنے گھنے بال، منفرد اسٹائل، ڈائیلاگ ڈیلیوری، چہرے پر چھائی معصومیت اور ہونٹوں کے ایک گوشے سے مچلتی مسکراہٹ کے سہارے سب کی توجہ کھینچ رہا تھا۔۔۔ یکایک میرے منہ سے نکلا:

"یہ تو ہمارے ابا چاچا کے زمانے کے دلیپ کمار کا اپ-ڈیٹیڈ ورژن لگتا ہے"

کمرے میں موجود سب لوگ ایک ساتھ ہنس پڑے، مگر میرے دوست کے والد نے میری بات کی تائید کرتے ہوئے کہا کہ: لگتا تو کچھ ایسا ہی ہے۔ سیریل کے اختتام پر میں نے اپنے دوست سے کہا:

"میری ایک بات لکھ رکھنا، اگر یہ بندہ بالی ووڈ میں آ جائے تو راجہ بن کر راج کرے گا"۔

دور درشن انڈیا کے اس سیریل کا نام تھا: "فوجی" اور سیریل میں جس نوجوان نے انڈر ٹریننگ

لیفٹیننٹ ابھیمنیو رائے کا کردار ادا کیا تھا، اس کا نام تھا: شاہ رخ خاں!

پھر ہم نے سیریَل "فوجی" کی تمام ۱۳ قسطیں پابندی سے دیکھنے کے بعد شاہ رخ خاں کے باقی تمام ٹی وی سیریَل بھی اسی اہتمام اور ذوق و شوق کے ساتھ دیکھے، جن میں ان کا پہلا سیریَل "دل دریا" (جو کسی باعث "فوجی" کے بعد ریلیز ہوا تھا)، "سرکس" اور "دوسرا کیول" شامل ہیں۔

منظرِ ثانی:

مقام: رام کرشنا تھیٹر (عابڈز، حیدرآباد)، تاریخ: ۲۸ جون ۱۹۹۲ء بروز اتوار، وقت: ۷ ساعت شام

انجینئرنگ گریجویشن کی تکمیل کے بعد ہم سب جماعت اپنی اپنی زندگی کی نئی راہوں پر چل پڑے تھے، دو دوست کسی خلیجی ملک سدھار گئے تو دو امریکہ رکنیڈا، دو دوست اعلٰی تعلیم کی خاطر کسی دوسرے شہر منتقل ہوئے۔ پھر بھی مجھ سمیت جو پانچ چھ ہم جماعت حیدرآباد میں موجود تھے، تو ہم دو چار ہفتوں میں ایک مرتبہ آپسی ملاقات کا اہتمام ضرور کیا کرتے۔ یوں ایسی ہی ایک گیدرنگ ماہ جون ۱۹۹۲ء کے آخری اتوار کو شہر کی مشہور و مقبول تھیٹر "رام کرشنا" میں منعقد ہوئی۔ انٹرول سے پہلے کے نصف حصہ میں تو چند ہم جماعتوں نے مختلف نعرے کس کس کے اس دوست کو خوب ستایا جس نے یہ فلم دیکھنے کی رائے دی تھی۔ وہ دور عامر خاں، سلمان خاں، انیل کپور اور گوِندا کی دلچسپ اور قابلِ دید فلموں کا تھا اور ادھر پردے پر ایک نوخیز حسینہ کے ساتھ ناچ گا رہے تھے، ادھیڑ عمر کے، مختلف رنگ و ڈیزائن کے سوئٹر پہنے رشی کپور۔ ایسے میں ہم دوستوں کے بیچ "بس کرو چچا" جیسے جلے بھنے فقروں کا کسا جانا حق بجانب تھا۔ خیر انٹرول ہوا۔۔۔ اور انٹرول کے بعد کا پہلا منظر۔۔۔۔

سٹرک پر چند نوجوانوں کی دوڑتی بھاگتی موٹر سائیکلوں کے درمیان سے طلوع ہوتا ہوا دوردرشن ٹی۔وی سیریَلوں والا وہی نوجوان معصوم جگمگاتا روشن چہرہ:

"کوئی نہ کوئی چاہیے ہم پہ مرنے والا"

پھر یہ ہوا کہ پوری تھیٹر جو انٹرول سے قبل ساکت و جامد تھی، اچانک مختلف ستائشی نعروں، زوردار تالیوں، بلند آہنگ سیٹیوں سے گونج اٹھی۔ شور و غل اتنا برپا تھا کہ فلم "دیوانہ" کا مقبولِ عام وہ سارا

گانا ہی پس منظر میں چلا گیا اور دنیا کے ایک کونے سے دوسرے کونے تک کے فلم بین چلا اٹھے: ایک اسٹار از بورن [a star is born]!

بالی ووڈ کے فلمی افق پر اپنی تابناک روشنی کے سہارے چھا جانے والا وہ ستارہ تھا: شاہ رخ خاں المعروف کنگ خاں !!

اور یوں جس فرد کو صرف ایک چاہنے والا درکار تھا، اس پر مر مٹنے والی ایک بڑی دنیا اسے حاصل ہو گئی۔

کنگ خاں کی فین فالوئنگ کے اس عظیم یونیورس کا ہم بھی ایک حصہ رہے ہیں۔ جون ۱۹۹۲ء سے جون ۲۰۲۲ء کی تین دہائیوں پر مبنی وقت نے زندگی کے مختلف اتار چڑھاؤ سے گزارتے ہوئے جہاں ہمیں ان کے فن اور معیارِ فن سے آگاہی بخشی ہے وہیں اپنے فن سے جنون کی حد تک محبت و محنت و مشقت کرنے والے اس بادشاہ کے لیے ہماری نیک خواہشات ہمیشہ سے ساتھ بھی رہی ہیں۔ فلم "دیوانہ" (ریلیز: جون ۱۹۹۲ء) سے "گڈو" (ریلیز: اگست ۱۹۹۲ء) تک کی ساری ۱۵ فلمیں حیدرآباد میں اپنے قیام تک تھیٹر میں دیکھنے کا موقع ملا، مگر جب کنگ خاں کی آل ٹائم بلاک بسٹر "دل والے دلہنیا لے جائیں گے" (ریلیز: اکتوبر ۱۹۹۵ء) آئی تب تک ہم حیدرآباد چھوڑ چکے تھے۔ یوں اس بلاک بسٹر فلم سے لے کر فلم "فین" (ریلیز: اپریل ۲۰۱۶ء) تک کی بیشتر فلمیں سعودی عرب قیام کے دوران ٹی۔ وی یا کمپیوٹر لیپ ٹاپ اسکرین پر دیکھنے کا موقع حاصل رہا۔ فلم "دیوانہ" نے تو خیر سے بالی ووڈ میں ان کی شناخت قائم کی تھی لیکن اس کے بعد کی تین فلمیں بازیگر (نومبر ۱۹۹۳ء)، ڈر (دسمبر ۱۹۹۳ء) اور انجام (اپریل ۱۹۹۴ء) دراصل ان کے اس جذبۂ جنوں کا اظہار تھیں جس کے متعلق اپنے اولین زمانے کے ایک انٹرویو میں انہوں نے کہا تھا: "غیر معمولی بننا بھی کوئی معمولی کام نہیں ہے۔ میرے لیے پہلی چیز تھی کامیابی۔ جب مجھے یہ مل گئی تب میں نے کچھ الگ کرنے کی کوشش کی اور آج بھی کر رہا ہوں۔ 'بازیگر' اور 'ڈر' میں نیگیٹیو رول کرنا بھی ایک الگ کوشش ہی تھی۔ ان فلموں کی کامیابی کے بعد ساری انڈسٹری مجھے دوسرا 'اینگری اینگری

ینگ مین' بنانا چاہتی تھی۔ مجھے نیگیٹیورولز بھی آفر ہو رہے تھے، لیکن میں نے ایک بھی نیگیٹیورول اس وقت نہیں لیا۔"

منفی کردار سے ہٹ کر پھر کیسے متنوع مزاج کے کردار انہوں نے ادا کیے؟ ذرا یاد کیجیے" کبھی ہاں کبھی ناں" (فروری ۱۹۹۴ء) کا سادہ دل و سادہ لوح لاپرواہ مگر قدم قدم پر ڈینگیں ہانکنے والا نوجوان سنیل۔ "گڈو" (اگست ۱۹۹۵ء) میں امیر باپ کا بیٹا مگر ایک جانثار عاشق۔ کرن ارجن (جنوری ۱۹۹۵ء) کا روایتی عاشق مزاج نوجوان ارجن۔ "راجو بن گیا جنٹلمین" (نومبر ۱۹۹۲ء) کا تعلیم یافتہ مگر متوسط طبقے کا کنفیوژڈ نوجوان راج ماتھر جو نوکری کی تلاش اور محبوبہ کی محبت کے بیچ پریشان ہے اور پھر "دل والے دلہنیا لے جائیں گے" (اکتوبر ۱۹۹۵ء) کا راج ملہوترہ جو اکیسویں صدی کا غیر روایتی مگر منفرد رومانوی مزاج کا نوجوان ہے۔۔۔ پھر یہ فہرست مزید آگے بڑھتی ہے تو۔۔۔ راہل (دل تو پاگل ہے)، امر کانت ورما (دل سے)، راہل کھنہ (کچھ کچھ ہوتا ہے)، اجے بخش (پھر بھی دل ہے ہندوستانی)، راج ملہوترہ (محبتیں)، راہل رائے چند (کبھی خوشی کبھی غم)، امن ماتھر (کل ہو نہ ہو)، رام پرشاد شرما (میں ہوں ناں)، ویر پرتاپ سنگھ (ویر زارا)، موہن بھارگو (سوادیس)، کبیر خان (چک سے انڈیا)، اوم کپور (اوم شانتی اوم)، سریندر ساہنی (رب نے بنا دی جوڑی)، ساحر خان (بلو)، رضوان خان (مائی نیم از خان)، راہل مٹھائی والا (چنئی ایکسپریس)، چندر موہن چارلی شرما (ہیپی نیو ائیر)، آریان کھنہ / گورو چندنا (فین)، ڈاکٹر جہانگیر (ڈئر زندگی)، ریئس عالم (ریئس) سے لے کر بوا سنگھ (زیرو)۔۔۔ تک کے شاندار یادگار کردار شاہ رخ خاں کو ورسٹائل کنگ خان ثابت کرنے کے لیے کافی ہیں۔ اس پر مستزاد ان کا مخصوص ٹریڈ مارک اسٹائل: بانہیں پھیلا کر سر کو ہلکی سی جنبش دینا، اداکاروں کی بھیڑ میں ان کی ویسی ہی منفرد شناخت بنی جیسے کسی دور میں دیو آنند کا اپنے سر کو تین جھٹکے دینا یا راجیش کھنہ کا دونوں ہاتھوں سے عمودی دائرہ بنانے کا عمل یا امیتابھ بچن کا دوران رقص کہنی موڑ کر دونوں ہاتھ آگے پیچھے کرنا۔

آخری بار سینما تھیٹر کے بڑے پردے پر فلم "گڈو" (اگست ۱۹۹۵ء) کو دیکھنے کے پورے اکیس (۲۱) سال بعد شاہ رخ خاں کو دوبارہ سینما کی بڑی اسکرین پر "ڈئر زندگی" (نومبر ۲۰۱۶ء) کے

ذریعے دیکھنے کا موقع ملا تو لگا کہ پل کے نیچے سے بہت سا پانی ہر چند بہہ چکا ہو مگر ستون کی مضبوطی اور پامردی میں کچھ زیادہ فرق نہیں آیا۔ سمندر کی موجوں سے کبڈی کھیلنے کا سبق سکھاتے ہوئے ڈاکٹر جہانگیر جگ خاں (شاہ رخ خاں) نے اس فلم میں کیا ہی خوب کہا کہ:

ہم سب زندگی کے مدرسے میں خود اپنے استاذ ہوتے ہیں!

خود کو محفوظ سمجھنے کے لیے پہلے سارے ڈر مٹانا ضروری ہے۔

اور۔۔۔۔

جینئس وہ نہیں ہوتا جس کے پاس سب سوال کے جواب ہوں، جینئس وہ ہوتا ہے جس کے پاس جواب تک پہنچنے کا صبر ہو۔

فلمی زندگی میں ہی نہیں، حقیقی زندگی میں بھی اپنے اس نظریۂ حیات کا اظہار کرتے ہوئے کبھی ایک انٹرویو میں شاہ رخ خاں نے کہا تھا:

"جب بھی آپ کچھ نیا کرتے ہیں تو آپ کو دونوں طرح کے نتائج کے لیے تیار رہنا پڑتا ہے۔ اچھا یا برا، کچھ بھی ہو سکتا ہے۔ ایک اداکار چاہے وہ کتنا ہی بکاؤ اور بازاری کیوں نہ بن جائے لیکن اس کا مطمئن ہونا ضروری ہے۔ ایک فنکار کتنا ہی پیسہ کیوں نہ کمائے لیکن اگر وہ اپنے کام سے خوش اور مطمئن نہیں ہے تو یہ اسے آگے نہیں بڑھنے دے گا۔ کیرئر کے شروع میں پیسہ بہت ضروری ہوتا ہے لیکن آگے چل کر پیسے سے کہیں زیادہ صبر اور اطمینان ضروری ہو جاتا ہے۔"

پٹھان، جوان اور ڈنکی کے ذریعے کروڑوں انسانوں کے دلوں کی دھڑکن شاہ رخ خاں المعروف کنگ خاں جس جواب کو پانے کے لیے صبر و تحمل سے انتظار کر رہے ہیں، اس عظیم اداکار کی زندہ دلی، بے جگری، توانائی، جوش ولولہ اور یقین محکم کو ہم سلام کرتے ہیں۔۔۔ دل سے!

☆☆☆

چرن جیوی کی بلاک بسٹر فلمیں:

قیدی(Khaidi)، دونگاموگوڑو(Donga Mogudu)، پاسی وادی پرانم
(Pasivadi Pranam)، یمودیکی موگوڑو(Yamudiki Mogudu)،
اندرا(Indra)، اسٹالن(Stalin)، قیدی نمبر ۱۵۰ (Khaidi No. 150)

ناگ ارجن کی بلاک بسٹر فلمیں:

مجنوں(Majnu)، گیتا نجلی(Geetanjali)، شیوا(تلگو)(Siva)، شیوا
(ہندی)(Shiva)، الاری الوڈو(Allari Alludu)، گھرانابولوڑو
(Gharana Bullodu)، نوووستاونی(Nuvvu Vastavani)

وینکٹیش کی بلاک بسٹر فلمیں:

بوبلی راجہ(Bobbili Raja)، چنٹی(Chanti)، دھرماچکرم (Dharma
Chakram)، پریمنچو کندم را(Preminchukundam Raa)، راجہ
(Raja)، لکشمی(Lakshmi)، درشیم(Drushyam)

منظر : ۲۰

چرنجیوی، ناگ ارجن اور وینکٹیش

جنوبی ہند تلگو فلم انڈسٹری کے تین قد آور اداکار

ٹالی ووڈ [Tollywood] جنوبی ہند کی تین مشہور فلمی صنعتوں میں سے ایک ہے جس کا مرکز ریاست آندھرا پردیش اور تلنگانہ رہا ہے اور جہاں "تلگو" زبان کو بنیادی حیثیت حاصل ہے۔ (یاد رہے کہ بنگلہ زبان کی فلمی صنعت بھی "ٹالی ووڈ" ہی کے نام سے معروف ہے)۔ بیسویں صدی کی چھٹی، ساتویں دہائی میں اس فلم انڈسٹری کے تین اداکاروں نے ویسی ہی یکساں شہرت حاصل کی جیسے بالی ووڈ کے ایک دور میں دلیپ کمار، راج کپور اور دیو آنند کو حاصل رہی۔ یہ تین اداکار تھے: این۔ ٹی۔ آر (نند اموری تارک راما راؤ)، اے۔ این۔ آر (اکینینی ناگیشور راؤ) اور کرشنا۔ پھر اس کے بعد نوے کی دہائی میں "تری دیو" والی یہ شہرت درج ذیل تین مقبول عام تلگو اداکاروں کے حصے میں آئی، جو آج اکیسویں صدی کی دوسری دہائی میں بھی کسی حد تک قائم ہے۔

۱: چرن جیوی

۲: ناگ ارجن

۳: وینکٹیش

میگا اسٹار چرنجیوی

ریاست آندھرا پردیش کے ضلع مغربی گوداوری میں ۲۲ر اگست ۱۹۵۵ء کو پیدا ہونے والا یہ نامور فنکار کامرس گریجویٹ ہونے کے ساتھ ساتھ این۔ سی۔ سی کیڈٹ بھی رہا ہے۔ چرنجیوی کے

کھاتے میں تقریباً ۱۵۰ تلگو فلمیں درج ہیں۔ علاوہ ازیں ہندی، تمل اور کنڑ زبان کی چند فلموں میں بھی انہوں نے کام کیا ہے۔ گو کہ ان کے فلمی کیریئر کا آغاز ۱۹۷۸ء سے ہوا تھا مگر تھا انہیں شہرت ایکشن فلم "قیدی" (ریلیز: اکتوبر ۱۹۸۳ء) (Khaidi) سے ملی۔ یہ فلم دراصل سلوسٹر اسٹالون کی یاد گار فلم "فرسٹ بلڈ" [First Blood] سے متاثر تھی۔ بے پناہ کامیابی کے بعد یہی فلم ہندی اور کنڑ زبان میں بھی اسی عنوان سے ریلیز کی گئی۔ تینوں زبانوں کی فلم میں مادھوی نے ہی چرنجیوی کی ہیروئین کا کردار ادا کیا تھا۔

رومانی ڈراما فلم "گھر انا مو گوڑو (ذہین شوہر)" (ریلیز: اپریل ۱۹۹۲ء) تلگو فلمی صنعت کے باکس آفس کی ایسی پہلی فلم مانی جاتی ہے جس نے پہلی بار دس کروڑ کے ہندسہ کو عبور کیا تھا۔ اس فلم نے ۵۶ سینما گھروں میں ۱۰۰ دن کی تکمیل کی اور تین سینماگھروں میں سلور جوبلی منائی۔ فلم کے ہیرو چرنجیوی اور ہیروئین نغمہ تھیں۔ اسی فلم کے بعد سے امیتابھ بچن کو پیچھے چھوڑتے ہوئے ہندوستان کے سب سے زیادہ معاوضہ حاصل کرنے والے فلمی فنکار کے درجے پر چرنجیوی فائز ہوئے تھے۔ جہاں اس فلم کو تلگو کی بہترین فلم کا ۱۹۹۲ء کا فلم فیئر ایوارڈ حاصل ہوا وہیں یہ فلم بین الاقوامی ہندوستانی فلم فیسٹیول میں بھی پیش کی گئی۔

چرنجیوی نے اپنے اب تک کے فلمی کیریئر میں درج ذیل سات بلاک بسٹر فلمیں دی ہیں:

قیدی (ریلیز: اکتوبر ۱۹۸۳ء، 7.5 : IMDb

دو نگاما گوڑو (ریلیز: جنوری ۱۹۸۷ء، 7.3 : IMDb

پاسی وادی پرانم (ریلیز: جولائی ۱۹۸۷ء، 7.8 : IMDb

یمو دیکی مو گوڑو (ریلیز: اپریل ۱۹۸۸ء، 7.4 : IMDb

اندرا (ریلیز: جولائی ۲۰۰۲ء، 7.4 : IMDb

اسٹالن (ریلیز: ستمبر ۲۰۰۶ء، 6.0 : IMDb

قیدی نمبر ۱۵۰ (ریلیز: جنوری ۲۰۱۷ء، 5.9 : IMDb

سپر ہٹ فلموں کی تعداد تیس کے قریب ہے جن میں یہ فلمیں شامل ہیں:

سبھا لیکھا، اجھیلا شا، چیلنج، وجیتا، قیدی نمبر ۷۸۶، جگدیکا ویر، ڈوا اتھلو کا سندری، گینگ لیڈر، روڈی الوڈو، آج کا غنڈہ راج (ہندی)، ہٹلر، ماسٹر، ٹیگور، شنکر دادا ایم۔بی۔ایس، شنکر دادا زندہ باد۔

اور تقریباً ۳۵ہٹ فلموں میں شامل ہیں:

کوتہ پیٹ روڈی، پاروتی پر میشور لو، منجو پلا کی، گڈ اچاری نمبر ون، غنڈہ، ہیرو، جوالا، کنڈ او ویٹی دونگا، میکانک الوڈو، سنمیم کوسم، ڈیڈی۔

چرنجیوی کے فلمی کھاتے میں تقریباً ۳۵اوسط فلمیں بھی درج ہیں اور ان کی پچاس کے قریب فلمیں فلاپ بھی قرار دی جا چکی ہیں بشمول امسال اپریل ۲۰۲۲ء میں ریلیز ہونے والی فلم "اچاریہ "، ونیز تین فلمیں: تریگو لینی منیشی (ریلیز: اپریل ۱۹۸۱ء)، شیوڈو شیوڈو شیوڈو (ریلیز: جون ۱۹۸۳ء) اور دی جنٹلمین (ہندی، ریلیز،: نومبر ۱۹۹۴ء) بدترین فلاپ باور کی جاتی ہیں۔

چرنجیوی نے ہندی زبان کی صرف تین فلموں میں اب تک کام کیا ہے۔ پرتی بندھ (ریلیز: ستمبر ۱۹۹۰ء)، آج کا غنڈہ راج (ریلیز: جولائی ۱۹۹۲ء)اور دی جنٹلمین(ریلیز: نومبر ۱۹۹۴ء)۔

پرتی بندھ، دراصل سپر ہٹ تلگو فلم "انکوشم "کا ری-میک تھی جو ہندی میں بھی کامیاب رہی۔ اسی فلم کے ذریعے چرنجیوی نے قومی سطح پر اپنا نمایاں مقام درج کرایا تھا۔ فلم میں جوہی چاؤلہ ان کی ہیرو ئین تھیں۔ اسی طرح دوسری فلم "آج کا غنڈہ راج "بھی چرنجیوی،ہی کی سپر ہٹ تلگو فلم "گینگ لیڈر "کا ری-میک تھی جس نے ہندی میں بھی غیر معمولی کامیابی حاصل کی۔ البتہ چرنجیوی کی تیسری ہندی فلم 'دی جنٹلمین'نے بدترین ناکامی اپنے دامن میں سمیٹی۔

اکتوبر ۲۰۲۲ء کے اوائل میں چرنجیوی کی نئی فلم "گاڈ فادر" ریلیز ہونے جا رہی ہے جس میں چرنجیوی کے قریبی دوست اور بالی وود سپر اسٹار سلمان خان نے بھی متوازی کردار نبھایا ہے۔ 'گاڈ فادر' دراصل ملیالم سپر اسٹار موہن لال کی مارچ ۲۰۱۹ء میں ریلیز ہوئی فلم "لوسیفر "کا تلگو ری-میک ہے۔

تلگو فلم انڈسٹری میں آج بھی چرنجیوی کی جس خصوصیت کا چرچا کیا جاتا ہے وہ ان کے ہوشربا رقص

کی مہارت ہے۔ اپنی فلموں کے نغموں پر جس خوبصورتی اور مشاقی سے وہ ڈانس کرتے ہیں ایسی مثال آج کے دور کے نوجوان اداکار بھی پیش کرنے سے قاصر رہے ہیں۔ چرنجیوی کو ۲۰۰۶ء میں ہندوستان کے باوقار اعزاز "پدم بھوشن" سے نوازا گیا تھا۔ اسی موقع پر آندھر ایونیورسٹی نے انہیں اعزازی ڈاکٹریٹ بھی عطا کی۔ اپنے سیاسی رجحانات کے باعث چرنجیوی نے ایک نئی سیاسی جماعت "پر جاراجیم"[Praja Rajyam Party] کا قیام اگست ۲۰۰۸ء میں عمل میں لایا تھا جسے بعد ازاں ۲۰۱۱ء میں انہوں نے کانگریس آئی میں ضم کر ڈالا۔ ۲۰۱۲ء سے ۲۰۱۴ء کے دوران من موہن سنگھ حکومت کے زیر تخت چرنجیوی کلچر اور ٹوارزم وزارت کے وزیر رہے اور ۲۰۱۸ء تک راجیہ سبھا کے رکن پارلیمان کا عہدہ بھی نبھایا۔ آندھرا پردیش ریاستی اسمبلی میں انہوں نے ۲۰۰۹ء سے ۲۰۱۲ء تک تروپتی سے بحیثیت رکن اسمبلی نمائندگی کی ہے۔ واضح رہے کہ چرنجیوی کے برادر خورد پؤن کلیان[Pawan Kalyan] اور فرزند رام چرن[Ram Charan] بھی تلگو فلم انڈسٹری کے ممتاز اداکار ہیں۔

اکینینی ناگ ارجنا راؤ

کی پیدائش جنوبی ہند کی ریاست تمل ناڈو کے صدر مقام مدراس (حالیہ نام: چنئی) میں ۲۹ر اگست ۱۹۵۹ء کو ہوئی تھی۔ حیدرآباد پبلک اسکول سے میٹرک اور حیدرآباد ہی کے رتنا کالج سے انٹرمیڈیٹ کے بعد انہوں نے چنئی کے ایک انجینئرنگ کالج سے میکانکل انجینئرنگ میں گریجویشن کیا اور یونیورسٹی آف لوئیسانا (امریکہ) سے آٹوموبائل انجینئرنگ میں ماسٹرس ڈگری حاصل کی۔ چرنجیوی کے برعکس ناگ ارجن کا تعلق فلمی گھرانے سے رہا ہے۔ مشہور و مقبول فلم اسٹار اے۔ این۔ آر (اکینینی ناگیشور راؤ) کے بڑے فرزند اکینینی وینکٹ نے جہاں تلگو فلم سازی میں شناخت قائم کی وہیں چھوٹے فرزند ناگ ارجن نے اداکاری، فلمسازی اور ٹیلیویژن میں اپنا لوہا منوایا ہے۔ ناگ ارجن کی پہلی شادی مشہور تلگو فلمساز ڈی۔ راما نائیڈو (ناگ ارجن کے ہمعصر تلگو فلم اداکار وینکٹیش کے والد) کی دختر سے ہوئی تھی جس سے انہیں ایک فرزند ناگا چیتنیا (پیدائش: نومبر ۱۹۸۶ء) ہیں

جو خود بھی تلگو فلموں کے ایک نمایاں اداکار ہیں اور حال ہی میں عامر خان کی فلم "لال سنگھ چڈھا" کے ذریعے انہوں نے بالی ووڈ میں بھی داخلہ لیا ہے۔ تلگو، تمل، ہندی، کنڑ اور ملیالم فلموں میں اپنی اداکاری کے جوہر دکھانے والی مشہور اداکارہ آملہ (جن کے والد کولکاتا میں ہندوستانی بحری فوج کے افسر رہے اور والدہ کا تعلق آئرلینڈ سے رہا ہے) سے ناگ ارجن نے ١٩٩٢ء میں دوسرا بیاہ رچایا تھا۔ ان دونوں کی اولاد اکھل اکینینی (پیدائش: اپریل ١٩٩٤ء) ہیں جنہوں نے فلم "اکھل" (ریلیز: نومبر ٢٠١٥ء) کے ذریعے تلگو فلمی صنعت میں نئے اداکار کی حیثیت سے داخلہ لیا تھا۔

ناگ ارجن نے جیکی شراف کی اولین سپر ہٹ فلم "ہیرو" (ریلیز: دسمبر ١٩٨٣ء) کے تلگوری-میک بنام "وکرم" (ریلیز: مئی ١٩٨٦ء) کے ذریعے فلموں میں داخلہ لیا تھا۔ اس فلم "وکرم" کے فلمساز ناگ ارجن کے بڑے بھائی اکینینی وینکٹ تھے۔ فلم نے اپنے ہندی ورژن کی طرح تلگو میں بھی یکساں مقبولیت حاصل کی اور یوں ناگ ارجن کو اسٹار کا رتبہ حاصل ہوا۔ ناگ ارجن کی فلموں کی تعداد تقریباً سو (١٠٠) ہے جن میں تلگو کے علاوہ ہندی اور تمل فلمیں بھی شامل ہیں۔ چرنجیوی ہی کی طرح ناگ ارجن نے بھی اپنے اب تک کے فلمی کیرئر میں درج ذیل سات بلاک بسٹر فلمیں دی ہیں:

مجنوں (ریلیز: جنوری ١٩٨٧ء)، IMDb : 7.1

گیتانجلی (ریلیز: مئی ١٩٨٩ء)، IMDb : 8.3

شیوا (تلگو) (ریلیز: اکتوبر ١٩٨٩ء)، IMDb : 8.0

شیوا (ہندی) (ریلیز: دسمبر ١٩٩٠ء)، IMDb : 8.0

الاری الوڑو (ریلیز: اکتوبر ١٩٩٣ء)، IMDb : 7.3

گھرانا بولوڑو (ریلیز: اپریل ١٩٩٥ء)، IMDb : 6.1

نو وو ستاونی (ریلیز: اپریل ٢٠٠٠ء)، IMDb : 6.5

سپر ہٹ فلموں کی تعداد پندرہ کے قریب ہے جن میں یہ فلمیں شامل ہیں:
کلکٹر گاری اِبائی، وِکی دادا، خدا گواہ (ہندی)، ہیلو بردر، شیوامنی، ماس، شری رام داس، کنگ، رگڑا اور بنگاراجو (ریلیز: جنوری ۲۰۲۲ء)۔

ناگ ارجن کی اوسط ہٹ فلموں کی تعداد ۳۵ رہی اور تقریباً ۴۰ فلمیں فلاپ قرار پائیں۔ اپریل ۲۰۲۱ء میں ریلیز ہونے والی ایکشن تھرلر فلم "وائلڈ ڈاگ" بھی فلاپ قرار دی گئی۔

ستمبر ۲۰۲۲ء میں ریلیز ہونے والی امیتابھ بچن اور رنبیر کپور کی فنٹاسی ایڈونچر فلم "برہماسترا" میں ناگ ارجن کا بھی ایک اہم کردار شامل ہے۔ واضح رہے کہ یہ فلم ہندی کے ساتھ تلگو، تمل، کنڑ اور ملیالم زبانوں میں بھی ریلیز کی جا رہی ہے۔

ناگ ارجن کو اصل عروج رام گوپال ورما کی ہدایت میں بنی پہلی تلگو فلم "شیوا" کے ذریعے حاصل ہوا تھا۔ فلمساز ناگ ارجن کے بڑے بھائی وینکٹ تھے۔ کہا جاتا ہے کہ فلم کا مرکزی خیال بروس لی کی مقبول عام فلم "ریٹرن آف دی ڈراگن" (ریلیز: دسمبر ۲ ۱۹۷۴ء) سے لیا گیا تھا۔ رام گوپال ورما نے ہی فلم کی کہانی تحریر کی تھی جو وجے واڑہ کے سدھارتھ انجینئرنگ کالج میں حاصل ہوئے ان کے ذاتی تجربات پر مبنی تھی۔ "شیوا" کو ۱۰۰ مشہور ہندوستانی فلموں کے زمرے میں بھی شمار کیا جاتا ہے۔ فلم میں ناگ ارجن نے گریجویشن کالج کے طالب علم کا رول نبھایا تھا۔ اسٹوڈنٹس یونین کی سیاست، مقامی غنڈوں اور مکروہ سیاست دانوں کے داؤ پیچ کے درمیان ناگ ارجن کو اپنی اداکارانہ صلاحیتوں اور آنکھوں اور چہرے کے تاثرات کے اظہار کے بیشمار نادر مواقع حاصل رہے جس کا انہوں نے مکمل فائدہ بھی اٹھایا۔ حیرت انگیز بات یہ تھی کہ اس فلم کے دونوں ورژن تلگو اور ہندی کے تمام گانے بھی ہٹ قرار پائے۔ ناگ ارجن کے فلمی کیرئیر میں یہ فلم ایک سنگ میل کی حیثیت رکھتی ہے۔ یہ فلم مشہور اداکار چکرورتی کی پہلی فلم بھی تھی جنہوں نے رام گوپال ورما کی ایک مقبول ترین ہندی فلم "ستیہ" (ریلیز: جولائی ۱۹۹۸ء) میں مرکزی کردار نبھایا تھا۔

شیوا سے چند ماہ قبل ناگ ارجن کی رومانی ڈراما فلم "گیتانجلی" ریلیز ہوئی تھی جو بلاک بسٹر ثابت ہوئی۔

شیوا کے برعکس گیتانجلی میں ناگ ارجن نے ایک ایسے لاابالی نوجوان کا کردار نبھایا تھا جو کینسر کا مریض تھا اور جس کی زندگی کے صرف چند ماہ باقی رہ گئے تھے۔ پھر اس نوجوان کا واسطہ جس الہڑ، ہنس مکھ اور شرارتی ہیروئین سے پڑتا ہے، وہ خود بھی کینسر کی مریضہ ہوتی ہے۔ منی رتنم اس فلم کے کہانی کار اور ہدایت کار تھے۔ ۳۷ ویں قومی فلم ایوارڈس میں اس فلم نے بہترین پاپولر فلم کا تمغہ حاصل کیا تھا اور ۳۷ ویں فلم فیئر ایوارڈس برائے جنوبی ہند تقریب میں منی رتنم کو اسی فلم پر بہترین ہدایت کار کا ایوارڈ ملا۔ گیتانجلی اور شیوا کے ذریعے ناگ ارجن نے فلم بینوں کے دونوں طبقے کلاس اور ماس میں مقبولیت حاصل کی جس کا سلسلہ آگے بھی دراز ہوتا رہا۔

دگوباٹی وینکٹیش

کی پیدائش جنوبی ہند کی ریاست تمل ناڈو کے صدر مقام مدراس (حالیہ نام: چنئی) میں ۱۳؍ دسمبر ۱۹۶۰ء کو ہوئی تھی۔ چنئی کے باو قار ڈان بوسکو اسکول سے ہائیر سیکنڈری اور لویولا کالج سے بی۔ کام کے بعد انہوں نے امریکہ کے مڈل بری انسٹیٹیوٹ آف انٹر نیشنل اسٹڈیز (مونٹیری، کیلیفورنیا) سے ایم۔بی۔اے کی ڈگری حاصل کی۔ جنوبی ہند کے مشہور و معروف فلمساز اور سابق رکن پارلیمان ڈی۔ رامانائیڈو کے اس چھوٹے فرزند نے امریکہ سے لوٹنے کے بعد اپنے بڑے بھائی سریش بابو کی طرح فلمسازی کے میدان میں اپنی صلاحیتیں آزمانے کا ارادہ کیا مگر قسمت نے ان کے لیے اداکاری کا شعبہ منتخب کر رکھا تھا۔ فلمساز ڈی۔ رامانائیڈو نے اگست ۱۹۸۶ء میں ریلیز ہونے والی فلم "کل یگ پانڈوولو" کے ذریعے دونئے چہروں کو تلگو پردہ سیمیں پر پیش کیا: وینکٹیش اور خوشبو۔ فلم ہٹ ثابت ہوئی اور وینکٹیش کو بہترین نئے اداکار کا 'نندی ایوارڈ' حاصل ہوا۔ اس کے بعد سے تلگو فلموں میں جو ان کا کیرئر شروع ہوا تو اب تک تقریباً پچھتر (۷۵) فلموں میں انہوں نے اپنی متنوع اداکاری کے جوہر دکھائے ہیں۔ چرنجیوی اور ناگ ارجن کی طرح وینکٹیش نے بھی اپنے اب تک کے فلمی کیرئر میں درج ذیل سات بلاک بسٹر فلمیں دی ہیں (ان میں سے تین فلمیں جنوبی ہند کی دیگر زبانوں کی ریمیک رہی ہیں):

بوبلی راجہ (ریلیز: ستمبر ۱۹۹۰ء)، 6.8 : IMDb

چنٹی (تمل ری-میک)(ریلیز: جنوری ۱۹۹۲ء)، 6.9 : IMDb

دھرما چکرم (ریلیز: جنوری ۱۹۹۶ء)، 7.0 : IMDb

پریمنچو کندم را (ریلیز: مئی ۱۹۹۷ء)، 7.2 : IMDb

راجہ (تمل ری-میک)(ریلیز: مارچ ۱۹۹۹ء)، 7.6 : IMDb

لکشمی (ریلیز: جنوری ۲۰۰۶ء)، 5.8 : IMDb

درشیم (ملیالم ری-میک)(ریلیز: جولائی ۲۰۱۴ء)، 8.3 : IMDb

سپرہٹ فلموں کی تعداد تیرہ (۱۳) ہے جن میں یہ فلمیں شامل ہیں:
سرینوا اسا کلیانم، رکتا تلکم، برہما پتر وڑو، دھرو نکشترم، اناڑی (ہندی)، پوتر بندھم، سوریا و مسم، سینو، وسنتم اور ایف ٹو: فن اینڈ فرسٹریشن (ریلیز: جنوری ۲۰۱۹ء)۔
وینکٹیش کی اوسط ہٹ فلموں کی تعداد تقریباً ۴۵ رہی اور تقریباً ۲۵ فلمیں فلاپ قرار پائیں۔ اپریل ۲۰۱۳ء میں ریلیز ہونے والی ایکشن فلم "شیڈو" بھی فلاپ قرار دی گئی جس میں بالی ووڈ اداکارہ تاپسی پنوان کی ہیر وئین بنی تھیں۔ وینکٹیش نے بالی ووڈ کی ہندی فلموں میں اناڑی (ریلیز: مارچ ۱۹۹۳ء) کے علاوہ ایک اور فلم تقدیر والا (ریلیز: مئی ۱۹۹۵ء) میں کام کیا تھا جو فلاپ ثابت ہوئی۔
چرنجیوی اور ناگ ارجن کے برعکس وینکٹیش کی شناخت زیادہ تر رومانی اور فیملی ہیرو کے بطور رہی ہے۔ جہاں ناگ ارجن نے فلم "شیوا" کے ذریعے اپنا ایک منفرد مقام بنایا اسی طرز پر وینکٹیش نے ۱۹۹۲ء میں ریلیز شدہ اپنی فلم "چنٹی" کے ایک سادہ دل دیہی نوجوان کے کردار کو لازوال بنا دیا تھا۔ یہی فلم جب ہندی میں کرشمہ کپور کے ساتھ "اناڑی" (ریلیز: مارچ ۱۹۹۳ء) کے نام سے ریلیز ہوئی تو یہ فلم بھی سپرہٹ قرار پائی۔ ہندی فلم بینوں نے بھی ایک سادہ مزاج دیہاتی نوجوان کی موثر کردار نگاری پر وینکٹیش کی بھرپور ستائش کی۔ ویسے یہ بھی ایک حقیقت ہے کہ وینکٹیش کے فلمی کیریئر کو عروج پر پہنچانے میں ایک اور فلم کا بھی نمایاں رول رہا۔ ستمبر ۱۹۹۰ء میں ریلیز ہوئی فلم

"بوبولی راجہ"، جس میں وینکٹیش نے ایک دیہی نوجوان کا کردار اپنی مخصوص کامیڈی اور ایکشن کے امتزاج کے ساتھ ادا کیا تھا۔ اس فلم میں ان کی ہیروئین بالی وڈ کی ناقابل فراموش اداکارہ دیویا بھارتی تھیں جو اتفاق سے ان کی اولین تلگو فلم بھی تھی۔

دھرو نکشترم، جون ۱۹۸۹ء میں ریلیز ہونے والی ڈراما ایکشن فلم وینکٹیش کی ایسی فلم رہی جس کے ایک گانے کے بول اور دھن پاکستانی گلوکار حسن جہانگیر کے شہرہ آفاق نغمے "ہوا ہوا اے ہوا مجھ کو اس کا پتا دے" سے مستعار تھے۔ تلگو میں بھی اس گانے نے مقبولیت حاصل کی۔

بالی وڈ اداکارہ کترینہ کیف نے دو تلگو فلموں میں کام کیا ہے جن میں سے ان کی پہلی فلم وینکٹیش کے ساتھ ۲۰۰۴ء میں ریلیز ہوئی "ملیشوری" تھی، جو کہ ایک رومانی کامیڈی فلم تھی اور حسب روایت وینکٹیش کی منفرد کردار نگاری کے باعث فلم سپرہٹ کے درجہ کو پہنچی۔ وینکٹیش کے ساتھ جس ہیروئین کا تال میل خوش قسمت ثابت ہوا وہ تلگو، تمل اور کنڑ فلموں کی ممتاز اداکارہ سوندریہ رہیں۔ کہا جاتا ہے کہ تلگو فلم انڈسٹری میں این۔ٹی۔ آر اور ساوتری کے بعد جس فلمی جوڑی کو بے پناہ عوامی مقبولیت حاصل ہوئی وہ وینکٹیش ر سوندریہ کی تھی۔ دونوں نے سات فلموں میں ساتھ کام کیا جس میں سے بیشتر مقبول ہوئیں۔ بد قسمتی سے سوندریہ ۲۸ برس کی عمر میں اپریل ۲۰۰۴ء کے ایک ہوائی جہاز حادثے میں اپنے بھائی کے ہمراہ انتقال کر گئیں۔

جنوری ۲۰۱۹ء میں ریلیز شدہ فلم "ایف ٹو: فن اینڈ فرسٹریشن" کے دوسرے سیکوئل کے طور پر مئی ۲۰۲۲ء میں وینکٹیش کی فلم "ایف تھری: فن اینڈ فرسٹریشن" ریلیز ہوئی جو کامیاب تو رہی مگر اس نے پہلی فلم کی طرح گر مجوشانہ مقبولیت بہر حال حاصل نہیں کی۔ متوقع طور پر سال ۲۰۲۲ء کے اواخر میں ریلیز ہونے والی سلمان خان کی فلم "کبھی عید کبھی دیوالی" میں اپنے ایک بھرپور کردار کے ساتھ بالی وڈ میں وینکٹیش اپنی واپسی کر رہے ہیں۔

وینکٹیش نے بہترین اداکار کے طور پر اب تک پانچ "نندی ایوارڈ" (آندھرا پردیش حکومت کا باوقار سالانہ اعزاز برائے تلگو فلمی صنعت) اور چھ فلم فیئر ایوارڈ برائے جنوبی ہند مختلف زمروں کے تحت حاصل کیے ہیں۔

وینکٹیش کی اولاد میں تین دختران اور ایک فرزند شامل ہیں اور وہ اپنے اہل خانہ کو میڈیا سے دور رکھنے کے قائل ہیں۔ "سریش پروڈکشنز" ہندوستان کی ممتاز فلم پروڈکشن اور ڈسٹری بیوشن کمپنی باور کی جاتی ہے جو وینکٹیش کے والد ڈی۔ رامانائیڈو نے ۱۹۶۴ء میں قائم کی تھی۔ اب یہ ان کے دونوں فرزندان سریش بابو اور وینکٹیش کی ملکیت میں ہے۔ وینکٹیش اپنے شیدائیوں اور ڈائی ہارڈ فینز کی جانب سے عطا کردہ خطاب "وکٹری وینکٹیش" سے بھی جانے جاتے ہیں۔

☆ ☆ ☆

سال ۲۰۲۱ء

تمل فلم: جئے بھیم (ریلیز:نومبر)، IMDb : 8.9

ملیالم فلم: در شیم-2 (ریلیز:فروری)، IMDb : 8.4

تمل فلم: کرنن (ریلیز:اپریل)، IMDb : 8.1

تلگو فلم: پشپا پارٹ ون (ریلیز:دسمبر)، IMDb : 7.6

تمل فلم: ماسٹر (ریلیز:جنوری)، IMDb : 7.3

سال ۲۰۲۲ء (جنوری تا جون)

کنڑ فلم: 777 چارلی (ریلیز:جون)، IMDb : 9.0

تمل فلم: وکرم (ریلیز:جون)، IMDb : 8.4

کنڑ فلم: کے۔ جی۔ ایف چیپٹر ٹو (ریلیز:اپریل)، IMDb : 8.4

تلگو فلم: آر آر آر (ریلیز:مارچ)، IMDb : 8.0

ملیالم فلم: بھشما پَرَوم (ریلیز:مارچ)، IMDb : 7.7

منظر : ۲۱

جنوبی ہند سینما کی دس مقبول عام فلمیں
(سال ۲۰۲۱-۲۲ کے دوران)

جنوبی ہند سینما، جنوبی ہند کی چار مقبول زبانوں کی فلموں پر مشتمل ہے۔ تمل زبان کے لیے کالی ووڈ [Kollywood]، تلگو زبان کا ٹالی ووڈ [Tollywood]، ملیالم کا مالی ووڈ [Mollywood] اور کنڑ زبان کے لیے صندل ووڈ [Sandalwood]۔ بیسویں صدی کی آٹھویں اور نویں دہائی تک بھی یہ چاروں فلمی صنعتیں غیر معیاری ہونے کے ساتھ ساتھ کسی نہ کسی حوالے سے بدنام بھی رہیں۔ مثلاً تمل فلمیں: محیر العقل اور عجوبہ خیز مار دھاڑ، تلگو فلمیں: ہیرو ئین کے سراپے کا پیش منظر اور پس منظر میں ہیرو کا مضحکہ خیز رقص، ملیالم فلمیں: بی اور سی گریڈ کی عریاں فلمیں اور کنڑ فلمیں: بے جان اسکرپٹ کے عجیب و غریب ڈرامے۔

لیکن گذشتہ ڈیڑھ دو دہائی کے دوران وقت نے کروٹ لی اور اب جنوبی ہند کی فلمیں بین الاقوامی سطح پر قبولیتِ عامہ کا درجہ حاصل کر رہی ہیں۔ حتیٰ کہ ان فلموں کے کچھ اداکار "پین انڈیا" [PAN : Presence Across Nation اداکار" کے خطاب کے حصول کی دوڑ میں بھی شامل ہو چکے ہیں، جیسے کمل ہاسن، رجنی کانت، وجے تھلاپتی، پربھاس، جونئیر این ٹی آر، الو ارجن، یش، اجیت کمار وغیرہ۔

تمل کی روبوٹ، تلگو کی باہوبلی، ملیالم کی درشیم اور کنڑ کی کے۔جی۔ایف، نے ساری دنیا میں اپنی شہرت کے جھنڈے گاڑے ہیں۔ اور یوں بالی ووڈ کے لڑکھڑاتے قدموں کی موجودہ صورتحال کے بیچ جنوب کی فلمی دنیا تسلسل سے اپنی پیش قدمی جاری رکھے ہوئے ہے۔ ذیل میں سال ۲۰۲۱ء کی

مقبول عام ۵ فلموں اور رواں سال ۲۰۲۲ء کے نصف اول (جنوری تا جون) کی ۵ مشہور و مقبول فلموں کا ایک مختصر جائزہ پیش ہے۔

(1):۲۰۲۱ء

تمل فلم: جے بھیم (ریلیز: نومبر)، IMDb : 8.9

تمل فلموں کے ذکر پر جہاں کمل ہاسن اور رجنی کانت کا تذکرہ عموماً کیا جاتا رہا ہے وہیں موجودہ دور میں باکس آفس کلکشن کے لحاظ سے وجے (اصل نام: جوزف وجے چندر شیکھر، عرفیت: وجے تھلاپتی) معروف و مقبول ہیں۔ اسی طرح جب متنوع اداکارانہ صلاحیتوں کی بات ہو تو سوریہ (اصل نام: سراون شوا کمار، پیدائش: ۲۳ر جولائی ۱۹۷۵ء) سرفہرست ٹھہرتے ہیں۔ سوریہ کی اب تک تقریباً ۶۵ فلمیں ریلیز ہو چکی ہیں جن میں سے گیارہ (۱۱) فلمیں بلاک بسٹر ثابت ہوئیں۔ سوریہ کی ۲۰۲۰ء کی فلم سورارئی پوٹرو کو بہترین فلم کا قومی ایوارڈ حاصل ہوا تھا ونیز بہترین اداکار کے قومی سطح کے ایوارڈ سے بھی وہ سرفراز کیے گئے۔ کہا جاتا ہے کہ جے بھیم کے لیے جب کوئی فلمساز راضی نہ ہوا تب سوریہ نے اپنا عالیشان مکان گروی رکھ کر اس فلم کو خود پروڈیوس کیا۔

فلم کا مرکزی خیال نچلی ذات کے پسماندہ طبقات کی زندگی کے مختلف مسائل ہیں۔ پھر یہ فلم معاشرے کے دو ٹھوس نظام یعنی عدلیہ اور پولیس کی خامیوں اور کمزوریوں کو مختلف مناظر کے ذریعے اجاگر کرنے کے ساتھ ساتھ سماج کے اعلیٰ طبقوں کے ظلم و جبر سے بھی آگاہ کرتی ہے۔ اسی باعث اونچے طبقات کی بعض تنظیموں کی جانب سے اس فلم پر پابندی لگانے کی مانگ کی گئی تھی کہ اچھائی برائی چونکہ ہر طبقے میں ہوتی ہے، اس کے باوجود کسی طبقے کے صرف ایک پہلو کو بیان کرنا ناانصافی، جانبداری اور ساکھ پر حملہ ہے۔ مگر دنیا کی تلخ حقیقت یہی ہے کہ ہر انفرادی ر اجتماعی زبردست اپنے سے کمتر کو دباتا ہے۔ اس میں شک نہیں کہ ہندوستان کے قریباً ۲۰ فیصد پسماندہ طبقات کو مرکزی اور ریاستی حکومتوں کی جانب سے تعلیم، روزگار اور کاروبار میں مختلف تحفظات و سہولیات ترجیحاً فراہم کی گئی ہیں اور متذکرہ طبقات معقول حد تک ان سے استفادہ بھی کرتے ہیں،

پھر بھی باباصاحب امبیڈکر کی ذات پات کے نظام کو مٹانے یا تحلیل کرنے کی تحریک آج بھی مکمل طور کامیاب نہیں ہو پائی ہے۔ جے بھیم اور دیگر کچھ فلمیں جیسے ہندی میں آرٹیکل-۱۵ (ریلیز: جون ۲۰۱۹ء) اور تمل ہی میں کرنن (ریلیز: اپریل ۲۰۲۱ء) اس کی مثالیں ہیں۔

فلم کی کہانی کا بنیادی خیال کچھ یوں ہے کہ اونچی ذات کے ایک شخص کے گھر چوری ہوتی ہے تو وہ اس کا الزام کسی ثبوت کے بغیر نچلی ذات کے آدمیوں پر لگا دیتا ہے اور پولیس غیر قانونی طور پر انہیں گرفتار کر کے بہیمانہ تشدد کی راہ اپناتی ہے۔ گرفتار ہونے والے شخص کی حاملہ بیوی جس وکیل کی مدد کے ذریعے اپنے شوہر کو پولیس گرفت سے چھڑانا چاہتی ہے، اسی وکیل کی ساری تگ و دو فلم کی کہانی کا محور ہے۔ فلموں میں عدلیہ اور پولیس کے نظام کو متعدد بار پیش کیا گیا ہے مگر 'جے بھیم' واحد ایسی فلم لگتی ہے جس کا مکمل پس و پیش منظر یہی دو نظام ہیں۔ مرکزی کردار ایڈوکیٹ چندرو کے رول میں سوریہ اپنی متاثر کن اداکاری کے ساتھ فلم کے ہر فریم میں نگینے کے طرح جڑ جاتے ہیں۔ چاہے اپنی حاملہ موکل کے کیس سے متعلق کچھ شواہد کو چھپانے پر یکدم برہمی کا اظہار ہو، فریق مخالف کے وکیل کے ساتھ عدالت میں تیز و تند مکالمہ ہو یا تناؤ کے عالم میں دیوار پر گیند مارتے رہنے کا نفسیاتی رد عمل۔ کہا جاتا ہے کہ مدراس ہائیکورٹ کے ایک ریٹائرڈ جج جسٹس کے۔ چندرو کے ایک کیس کے حقیقی واقعات سے فلم کی کہانی مستعار ہے۔ فلم کا اختتام، ہر کمزور طبقہ کو معاشرے میں عزت و وقار سے جینے کے حق کی جو بین السطور آگاہی دیتا ہے وہ قابل داد ہے۔

(۲): ۲۰۲۱ء

ملیالم فلم: در شیم-2 (ریلیز: فروری)، 8.4 : IMDb

یہ فلم اصل میں ملیالم سپر اسٹار موہن لال ہی کی دسمبر ۲۰۱۳ء میں ریلیز ہوئی بلاک بسٹر فلم "در شیم" کا دوسرا حصہ ہے۔ پہلے حصے جتنی داد و ستائش تو اس فلم کو نصیب نہیں ہوئی مگر اس میں شک نہیں کہ یہ فلم سپر ہٹ قرار پائی۔ پہلی فلم کا اختتام جہاں ہوا تھا، دوسرا حصہ وہیں سے شروع ہوتا ہے۔ جارج کٹی معمولی سے کیبل ٹی وی کاروبار کا مالک ہونے کے بجائے اب ایک متمول بزنس مین بن چکا ہے اور

وہ خود کی تحریر کردہ اسکرپٹ پر ایک فلم بنانے کا متمنی ہے۔ دوسری طرف پولیس کے ذمہ داران اب بھی اس بات کو جاننے کی جستجو میں ہیں کہ جارج کٹی نے آئی۔جی پولیس کے فرزند کی لاش کو کہاں دفن کیا ہے؟ اس کے لیے انہوں نے دھوکے سے دو پولیس اہلکاروں کو جھگڑالو میاں بیوی کے روپ میں جارج کٹی کا پڑوسی بنایا اور یوں جارج کٹی کی بیوی نے ایک کمزور لمحہ میں اپنی پڑوسن کے سامنے یہ راز اگل دیا کہ لاش کہاں دفن کی گئی ہے؟

فلم کے مصنف جیتو جوزف یقیناً قابل داد ہیں کہ پے درپے بدلتے واقعات اور مناظر کے سہارے انہوں نے فلم کی مکمل اسکرپٹ کو انتہائی چست اور جامع رکھا اور ناظرین کی توجہ فلم کے موضوع اور مرکزی کردار پر مرکوز رکھی۔ ایک جاپانی ناول کے موضوع پر ہاتھ صاف کرنے کی افواہ کو رد کرتے ہوئے جیتو جوزف نے وضاحت کی ہے کہ حقیقی زندگی کے کچھ واقعات سے انہوں نے مواد کشید کیا ہے۔

انٹرول سے قبل کا حصہ جارج کٹی کی زندگی کے خاندانی مسائل سے آگاہی دیتا ہے کہ کس طرح قتل کے ایک واقعہ نے ماں اور بیٹی کو نفسیاتی مسائل کی پیچیدگیوں میں الجھا دیا ہے اور انٹرول کے بعد کا حصہ پولیس کی دوبارہ تفتیش کی سرگرمیوں اور آئی جی پولیس گیتا کے انتقامی جذبے کے ساتھ ساتھ جارج کٹی کی خود کو بے گناہ ثابت کرنے کی مسلسل اور حیران کن جدوجہد کو بھی بیان کرتا ہے۔ جارج کٹی کے کردار کے مختلف سماجی و عمرانی پہلوؤں کو پردۂ سیمیں پر آشکار کرنے کی خاطر موہن لال نے اپنی اداکارانہ صلاحیتوں کو بلاشبہ عروج پر پہنچایا ہے۔

۲۰۲۱ء:(۳)

تمل فلم: کرنن (ریلیز: اپریل)، IMDb : 8.1

تمل اداکار دھنش [Dhanush] (اصل نام: وینکٹیش پربھو کستوری راجہ، پیدائش: ۲۸ جولائی ۱۹۸۳ء) تمل ہی کے ہدایتکار کستوری راجہ کے دوسرے فرزند اور تمل سپر اسٹار رجنی کانت کے داماد ہیں (تازہ اطلاعات کے بموجب دھنش اپنی اہلیہ سے اسی سال علیحدگی اختیار کرنے والے ہیں)۔

دھنش نے ۲۰۰۲ء سے فلموں میں داخلہ لیا تھا اور ان دو عشروں کے دوران وہ تقریباً ستر (۷۰) تمل فلموں میں اپنی اداکاری کے جوہر دکھا چکے ہیں جن میں دو بلاک بسٹر اور پانچ فلمیں سپر ہٹ ثابت ہو چکی ہیں۔ ہندی میں ان کی فلم "اترنگی رے" (ریلیز: ۲۰۲۱ء) سپر ہٹ، "رانجھانا" (ریلیز: ۲۰۱۳ء) ہٹ اور "شمیتابھ" (ریلیز: ۲۰۱۵ء) فلاپ ثابت ہوئیں۔ جو فلم بین اعتراض کرتے ہیں کہ دھنش صورت و شکل سے ہیرو نظر نہیں آتا، انہیں معلوم ہونا چاہیے کہ ہندی کے علاوہ تقریباً ہر زبان کی فلم میں ایسے کئی اداکار رہے ہیں جنہوں نے ہیرو نظر نہ آنے کے باوجود اپنے اداکارانہ فن کا لوہا منوایا جیسے بالی ووڈ میں سنجیو کمار، امول پالیکر، فاروق شیخ، سچن وغیرہ۔

فلم "کرن" میں دھنش نے کرن نامی ایک دیہی نوجوان کا لازوال کردار نبھایا ہے۔ فلم کا پیغام نہایت موثر اور مضبوط ہے یعنی یہی کہ "جب تک آپ خود میں تبدیلی نہیں لائیں گے، کچھ بھی نہیں بدلے گا"۔ فلم 'جئے بھیم' کی طرح اس فلم نے بھی پسماندہ دلت طبقات کے سماجی مسائل کو پردۂ سیمیں پر زوردار طریقے سے پیش کیا ہے۔ تمل ناڈو کے ایک دور دراز علاقے کے باشندگان کو سفر کے مسائل اس لیے درپیش ہیں کہ ان کے گاؤں میں کوئی بس اسٹاپ نہیں ہے اور انہیں کسی دوسرے علاقے کا سفر کرنا ہو تو کچھ کلومیٹر پر واقع ایک دوسرے گاؤں کے بس اسٹاپ تک جانا لازم ہے۔ بیچ سٹرک پر ایک نو عمر لڑکی کی موت ہو جاتی ہے مگر دونوں طرف سے گاڑیوں کی آمد و رفت بلا روک ٹوک جاری و ساری ہے، کسی سواری کو اتنی فرصت نہیں کہ چند لمحہ رک کر کسی کی موت کا حال احوال دریافت کرے۔ دیہی زندگی کے روز مرہ کے معمولات کو بیان کرنے کے لیے فلم کے ہدایت کار ماری سلوا راج نے جس طرح خنزیر، عقاب، کبوتر، کتے، گھوڑے اور ہاتھی کو استعاراتی انداز میں پیش کیا ہے وہ بطور تمثیل ہمارے سماج میں ذات پات کے بھید بھاؤ کی ایک معنوں میں عکاسی بھی کرتا ہے۔ غصہ، مایوسی، امید اور خواہش ۔۔۔ گاؤں والے ان تمام انسانی جذبات کے پاٹوں کے بیچ پِس رہے ہیں۔ احتجاج کرنے پر پولیس اور شہری انتظامیہ کا جو ظلم برپا کیا جاتا ہے، اس کے خلاف گاؤں والے سیسہ پلائی دیوار بنتے ہیں لیکن سماج میں جیت تو طاقت ور ہی کی ہو گی۔ طاقت ور کی ایسی جیت کے خلاف کسی ہیرو کو اٹھ کھڑا ہونا پڑتا ہے۔ اور دھنش نے اسی ہیرو کے کردار کو

جس پامردی اور جوش ولولہ سے نبھایا ہے اس کے لیے وہ یقیناً قابل داد ہیں۔ فلم میں رومان کا بھی عنصر ہے مگر دیہات کی سادہ اور بے ریا زندگی میں رومانی معاملات کس طریقے سے پیش آتے ہیں، یہ فلم انہیں عمدہ طور پیش کرتی ہے۔

(۴): ۲۰۲۱ء

تلگو فلم: پشپا پارٹ ون (ریلیز: دسمبر)، 7.6 : IMDb

سنہ ۲۰۰۳ء میں فلم ”گنگوتری“ کے ذریعے تلگو فلموں میں داخلہ لینے والے اَلو ارجن (پیدائش: ۵؍اپریل ۱۹۸۲ء) تلگو فلموں کے فلمساز اور ڈسٹری بیوٹر اَلو اروند کے فرزند ہیں اور اب تک تقریباً ۲۰ فلموں میں انہوں نے اپنی اداکاری کے جوہر دکھائے ہیں۔ مگر سب سے زیادہ تعجب خیز امر یہ ہے کہ ان ۲۰ فلموں میں ان کی بلاک بسٹر فلمیں پانچ ہیں جن میں یہ فلم ”پشپا“ بھی شامل ہے۔ جنوبی ہند کی تلگو ریاست آندھرا پردیش کی سیشا چلم پہاڑیوں میں سرخ رنگ کی نادر و نایاب صندلی لکڑی پیدا ہوتی ہے جس کا قومی اور بین الا قوامی وسیع پیمانے پر اسمگلنگ کا کاروبار بھی انجام پاتا ہے۔ اسی سرخ صندلی لکڑی کے اسمگلنگ سنڈیکیٹ سے وابستہ ایک معمولی سے قلی کی جدوجہد اور عروج کی داستاں کو فلم ”پشپا“ فلم کے سیلولائڈ پر بیان کرتی ہے۔ واضح رہے کہ جنوبی ہند میں صندلی لکڑی کی اسمگلنگ کے حوالے سے ایک دہشتناک اسمگلر ”ویرپن“ [Veerappan] کا نام بہت مشہور ہے جو تمل ناڈو کی اسپیشل ٹاسک فورس کے ہاتھوں اکتوبر ۲۰۰۴ء میں مارا گیا۔ اس پر رام گوپال ورمانے ۲۰۱۶ء میں ہندی فلم ”ویرپن“ بنائی تھی۔ مگر سچ یہ ہے کہ فلم ”پشپا“ کا کوئی تعلق ویرپن یا اس کی سوانح حیات سے نہیں ہے۔

کہا جا سکتا ہے کہ یہ فلم اول و آخر اَلو ارجن کی سولو فلم ہے، یعنی ساری کی ساری فلم اَلو ارجن کے ایکشن، ان کے مخصوص اسٹائل اور ان کی مکالمہ بازی کے منفرد طرز پر قائم ہے اور اسی کے سہارے اس نے باکس آفس پر ۳۵۰ کروڑ سے زائد کا کرشماتی ہندسہ عبور کر کے اب تک کی سب سے زیادہ کمائی کرنے والی تلگو فلم کا درجہ بھی حاصل کیا ہے۔ اصل تلگو ورژن کے ساتھ یہ فلم تمل،

ملیالم، کنٹر اور ہندی میں بھی ڈب کرکے پیش کی گئی۔ فلم کے ایک ویلن کے بطور ملیالم اور تمل سینما کے مشہور و مقبول اداکار فہد فاضل نے بھی اپنی اداکاری کا کرشمہ دکھایا ہے اور دوسری دلچسپ بات یہ ہے کہ فہد فاضل نے اپنے کردار کی تمام زبانوں (تلگو، ملیالم، تمل، کنٹر اور ہندی) کی ڈبنگ خود ہی کی ہے جو مختلف زبانوں پر ان کی معقول دسترس کا بھی اظہار ہے۔ فہد کا کردار فلم کے آخری حصے میں نمودار ہوتا ہے اور کہا جارہا ہے کہ پشپا کے سیکوئل کی اگلی فلم یعنی "پشپا پارٹ ٹو" کے مرکزی ویلن کا کردار فہد کا ہی رہے گا جنہوں نے فلم میں ضلع کے نئے ایس۔پی پولیس کا کردار ادا کیا ہے۔ فلم کے ایک گانے "سری ولی" نے تمام زبانوں میں مقبولیت حاصل کی۔ پشپا کے کردار کو ڈرامائی پہلو دینے کی خاطر غالباً الوار جن نے دو نئے اسٹائل اپنائے، ایک کندھا چکا کر چلنا اور دوسرے ڈاڑھی پر بائیں ہتھیلی کی پشت سے ہاتھ پھیرنا۔ فلم کے متعدد مناظر وی۔ایف۔ایکس کی مدد سے تخلیق کیے گئے ہیں مثلاً بہتی ندی میں صندلی لکڑی کے گٹھوں کا پشپا کی طرف سے گرایا جانا۔ کس باعث فلم کے آخر میں پشپا راج ایک بدمزاج اور مغرور فرد بن جاتا ہے، اس کی کچھ وضاحت نہیں ہو پاتی۔ مگر بہر حال الوار جن نے اپنی ماہرانہ اداکاری اور کچھ مزاحیہ ٹوٹکوں کے ساتھ پشپا راج کے کردار کو یادگار بنایا ہے۔ اب دیکھنا یہ ہے کہ پارٹ ٹو (متوقع ریلیز: دسمبر ۲۰۲۲ء) میں بھی وہ اپنی اداکاری کے معیار کو برقرار رکھ پاتے ہیں یا فہد فاضل ان پر بازی لے جائیں گے؟

۲۰۲۱ء: (۵)

تمل فلم: ماسٹر (ریلیز: جنوری)، 7.3 : IMDb

غالباً یہ پہلی ایسی بلاک بسٹر تمل فلم ہے جس میں تمل فلم انڈسٹری کے دو مشہور اور ہم نام اداکاروں نے متوازی سطح پر اپنا اپنا کردار نبھایا ہے۔ وجے (اصل نام: جوزف وجے چندر شیکھر، پیدائش: ۲۲؍ جون ۱۹۷۴ء) اور وجے سیتوپتی (اصل نام: وجے گروناتا سیتوپتی کلیموتو، پیدائش: ۱۶؍ جنوری ۱۹۷۸ء) نے اس فلم میں بالترتیب ہیرو اور اینٹی ہیرو کا رول کیا ہے۔ ایک عام فلم بین کے لیے یہ کہنا مشکل ہے کہ دونوں میں سے کس کا کردار زیادہ قوی ہے؟ پھر بھی چونکہ سیتوپتی کا کردار منفی طرز کا

ہے لہذا وجے کے ہیرو والے مثبت رول نے زیادہ داد سمیٹنے کے علاوہ زیادہ اسکرین اسپیس بھی حاصل کی ہے۔ ویسے بھی فلم کا زیادہ بار فلم کے عنوان کے حوالے سے وجے پر ہی ہے جسے انہوں نے بخوبی سنبھالا ہے۔ چاہے کالج میں طلبا کی تربیت یا ذہن سازی کا معاملہ ہو یا جیل کے اصلاحی مرکز میں نوعمر و نوجوان ملزموں کو سدھارنے کا تربیتی پراجیکٹ ہو۔ فلم کی کہانی مختصر اًکچھ یوں ہے کہ کالج کے ایک پروفیسر کو جیل کے اصلاحی مرکز میں اس لیے بھیجا جاتا ہے کہ نوعمر و نوجوان مجرموں کی تربیت و اصلاح کا فریضہ نبھائے مگر حالات اسے جرائم کی دنیا کے ایک بادشاہ کے مقابل پہنچاتے ہیں جو جیل میں منشیات کی فراہمی کے ذریعے جرائم کی اپنی خصوصی سلطنت کھڑی کرنے کی خاطر مختلف انسانیت سوز حربے اپناتا ہے۔ دوسری طرف بھوانی (سیتوپتی) کا فلیش بیک منظر فلم بینوں کو بتاتا ہے کہ کس طرح حالات نے ایک عام آدمی سے اسے جرائم کی دنیا کا بادشاہ بنایا ہے؟ کس طرح اس نے اپنے لڑکپن میں اپنے والدین کا قتل ہوتے خود اپنی آنکھوں سے دیکھا اور کس طرح انتقامی جذبے کے ناتے اس نے خود اپنی تربیت آپ کی اور اپنے ہاتھ کو ڈھائی کلو وزنی ہتھیار کے مماثل بنایا۔ فلم کا ایک تیسرا محاذ طلبا یونین کے انتخابات کی سیاست بھی ہے جہاں فاتح قرار دی گئی صدر یونین چاہتی ہے کہ شکست خوردہ طالب علم بھی یونین کا فعال حصہ بنے۔ گو کہ فلم میں ایک استاد پروفیسر کا مرکزی کردار ہونے کے سبب رومانی عنصر تھوڑا کم ہے مگر وجے کی مداحوں کی تسکین کی خاطر موسیقی اور رقص کا تڑکا بھی کچھ جگہ فلم میں لگایا گیا ہے جو کسی قدر گوارا لگتا ہے۔ ایک بھرپور تفریحی مسالہ فلم ہونے کے باوجود فلم اپنا مضبوط سماجی پیغام دینے میں بھی کامیاب ہے۔ فلم کا ہندی، تلگو، کنڑ اور ملیالم ڈب ورژن بھی پیش کیا گیا ہے۔

۲۰۲۲ء:(۱)

کنڑ فلم: 777 چارلی (ریلیز: جون)، IMDb : 9.0

اس فلم کی غالباً سب سے حیرت انگیز بات یہ ہے کہ ایک نووارد ہدایتکار (کرن راج کے۔، پیدائش: ۲۵؍اگست ۱۹۸۹ء) کی پہلی فلم ہونے اور صرف بیس کروڑ کی لاگت کے باوجود فلم نے ۱۰۰ کروڑ

سے زائد باکس آفس کلکشن حاصل کیا ہے۔ فلم کا مرکزی کردار یوں تو چارلی نام کا ایک کتا ہے مگر بطور ہیرو جس کنڑ اداکار رکشت شیٹی نے اپنی اداکارانہ صلاحیتوں کا جادو جگایا ہے وہ یقیناً اس فلم کی کامیابی کا نمایاں حصہ ہے۔ ہیرو 'دھرما' کے سخت و برہم برتاؤ پر کتے کی جذبات نگاری کی جتنی اور جیسی عکس بندی کی گئی ہے وہ بھی لازماً قابلِ تعریف ہے۔ رکشت شیٹی (پیدائش: ۶؍جون ۱۹۸۳ء) نے یوں تو اب تک صرف پندرہ فلمیں کی ہیں مگر مذکورہ فلم کے علاوہ ان کی ایک اور فلم "کِرِک پارٹی" (ریلیز: دسمبر ۲۰۱۶ء) بلاک بسٹر ثابت ہو چکی ہے۔ فلم کنڑ زبان کے علاوہ تمل، تلگو، ملیالم اور ہندی میں بھی ڈب کرکے پیش کی گئی ہے۔ فلم کا موضوع انسان اور کتے کے درمیان لافانی جذباتی وابستگی کی حساس داستان کو بیان کرتا ہے۔ کتے اور آدمی کی دوستی کی داستاں کو جیکی شراف کی ایک پرانی بالی ووڈ فلم "تیری مہربانیاں" (ریلیز: اکتوبر ۱۹۸۵ء) میں بھی عکس بند کیا گیا تھا۔ اسی طرح ہالی ووڈ کی ۲۰۰۶ء کی ڈرامہ بقا فلم "ایٹ بیلو" [Eight Below] میں بھی انٹارکٹکا کے برفانی علاقے کی ایک مہم میں آٹھ کتوں کی اپنے مالک کے ساتھ جاںثاری کو متاثر کن انداز میں پیش کیا گیا تھا۔ ایک مبصر عاشور بابا اس فلم پر کیے گئے اپنے ایک تبصرے میں لکھتے ہیں۔۔۔ "فلم 'چارلی' میں کتے کی جس نسل کا انتخاب کیا گیا ہے، وہ 'لیبر اڈور' بریڈ ہے، اور اس انتخاب کے لیے فلم پروڈکشن یونٹ یقیناً داد کا مستحق ہے۔ لیبر اڈور ایک سخت جان کتا ہے، وہ سرد اور گرم علاقوں سے خود کو مانوس کر لیتا ہے اور شکار کے لیے مخصوص بہترین کتوں میں سے ایک کتا ہے۔ وفاداری اس کے خون میں رچی بسی ہوتی ہے۔ جتنی محبت کوئی انسان کسی لیبر اڈور سے کرتا ہے، لیبر اڈور اس سے بڑھ کر جوابی محبت دیتا ہے، اور اس قدر شدت کے ساتھ محبت کہ کبھی کبھی لیبر اڈور دوسرے انسانوں کو اپنا رقیب سمجھنے لگتا ہے"۔

(۲):۲۰۲۲ء

تمل فلم: وکرم (ریلیز: جون)، 8.4 : IMDb

جون میں ریلیز ہونے والی اس معرکۃ الآرا فلم نے دنیا بھر میں ۴۰۰ کروڑ روپے سے زیادہ آمدنی

حاصل کی ہے۔ ہندوستان کے عظیم اداکار کمل ہاسن (پیدائش: ۷ رنومبر ۱۹۵۴ء، مدراس) کا اس فلم میں مرکزی کردار ہے، بلکہ فلم کا عنوان ہی اسی مرکزی کردار کے نام پر ہے۔ کمل ہاسن نے دو سو پچیس (۲۲۵) سے زائد فلموں میں کام کیا ہے اور وہ ملک کے ایسے واحد اداکار ہیں جنہوں نے فلمی دنیا میں اپنی زندگی کے تقریباً ساٹھ (۶۰) برس گزارے ہیں۔ کمل ہاسن کے مداح ان کی آخری فلم "وشواروپم" (ریلیز: اگست ۲۰۱۸ء) کے بعد ہی سے اگلی فلم کے انتظار میں بے چین رہے ہیں جو کووڈ-۱۹ کے سبب طویل وقفے میں بدلتا رہا۔ اس فلم کی خصوصیت نہ صرف کمل ہاسن کی اداکاری ہے بلکہ وجے سیتوپتی اور فہد فاضل جیسے ممتاز اداکاروں کی بہترین اداکاری نے بھی فلم کو ملٹی اسٹار بلاک بسٹر بنانے میں کوئی کسر نہیں چھوڑی۔ تمل فلم 'ماسٹر' سے ایک قدم آگے بڑھ کر "وکرم" نے تمل فلم انڈسٹری کے تین ممتاز اداکاروں کو ایک متوازی صف میں لا کھڑا کرتے ہوئے بلاشبہ حیرت انگیز کارنامہ انجام دیا ہے۔ اس کا سارا کریڈٹ ظاہر ہے کہ ان دونوں فلموں کے ۳۶ سالہ نوجوان ہدایتکار لوکیش کنگراج (پیدائش: ۱۴ر مارچ ۱۹۸۶ء، کو نمبتور) کو جاتا ہے۔ جنہوں نے اپنی گذشتہ فلم کیتھی (ریلیز: اکتوبر ۲۰۱۹ء) کے اگلے حصے کے طور پر "وکرم" کو آگے بڑھایا ہے۔ گو کہ وکرم سے محظوظ ہونے کے لیے کیتھی کو پہلے دیکھنا کوئی لازمی شرط بہر حال نہیں ہے۔ ویز فلم میں ایجنٹ وکرم کا وہی کردار کمل ہاسن نے نبھایا ہے جو انہوں نے برسوں قبل کی اپنی اسی نام والی فلم "وکرم" (ریلیز: مئی ۱۹۸۶ء) میں ادا کیا تھا۔

شہر میں قتل پر قتل اور اس کی ویڈیو کا خود قاتل کی جانب سے پولیس کو بھیجا جانا، قتل کا سراغ لگانے کے لیے انڈر کور ایجنٹ فہد فاضل کی بھاگ دوڑ اور تفتیش کے دوران یہ شبہ ہونا کہ کہیں شہید ہونے والے اے۔سی۔پی کا شرابی باپ کرنن ہی تو ایجنٹ وکرم نہیں جو ان تمام ہنگاموں کے پس پشت ہو؟ اور پھر ڈرگ ڈیلر وجے سیتوپتی کی منشیات کو منتقل کرنے کے لیے جوڑ توڑ کی سازش۔ آخر کار ڈرگس سنڈیکیٹ کے خاتمہ کے لیے ایجنٹ فہد اور ایجنٹ وکرم کو یکجا ہونا ہی پڑتا ہے، تب کچھ راز کھلتے ہیں کہ اصل ویلن کون ہے اور کون کس کے پیچھے سرگرداں ہے؟ فلم کے آخر میں ایک اور تمل سپر اسٹار سوریہ کی دھما کہ خیز آمد اس بات کا اشارہ ہے کہ وکرم کے اگلے پارٹ میں اصل ویلن کا کردار کون

اداکرنے والا ہے؟

(۳): ۲۰۲۲ء

کنٹر فلم: کے۔جی۔ایف چیپٹر ٹو (ریلیز: اپریل)، 8.4 : IMDb

یش (اصل نام: نوین کمار گوڑ، پیدائش: ۸ر جنوری ۱۹۸۶ء) نے کنٹر فلم "جمبو اہڈگی" (ریلیز: جون ۲۰۰۷ء) کے ایک ثانوی رول کے ذریعے فلموں میں داخلہ لیا تھا۔ اب تک انہوں نے تقریباً ۲۴ فلمیں دی ہیں جن میں سے دو فلمیں "مسٹر اور مسز راماچاری" (ریلیز: دسمبر ۲۰۱۴ء) اور کے۔جی۔ایف چیپٹر ون (ریلیز: دسمبر ۲۰۱۸ء) بلاک بسٹر ثابت ہوئیں۔ کے۔جی۔ایف دراصل جنوبی ہند کی ریاست کرناٹک کے علاقے 'کولار' میں موجود 'کولار گولڈ فیلڈز' (کولار سونے کی کان) کا مخفف ہے۔ اس سونے کی کان کو چند شاطر اور لالچی افراد دھوکہ دے کر خرید لیتے ہیں اور وہاں خفیہ طریقے سے کان کنی کے ذریعے سونا نکالنے کا کام شروع کیا جاتا ہے۔ پہلی فلم اسی موضوع کے تانے بانے میں جوڑتی ہوئی اصل کہانی کو سامنے لاتی ہے کہ کس طرح اور کس مقصد کے ناتے فلم کے رابن ہڈ ٹائپ ہیرو راکی کا کولار کی کان میں داخلہ ہوتا ہے۔ پھر کیسے وہ کان کی مافیا کے سربراہوں کو ختم کر کے ظلم کی چکی میں پس رہے مزدوروں کا مسیحا بنتا اور سونے کی کان والے اس علاقے میں اپنی سلطنت قائم کرتا ہے۔ فلم کا دوسرا حصہ یعنی "کے۔جی۔ایف چیپٹر ٹو" آگے کی کہانی کو بیان کرتا ہے جس میں تین طاقتوں کا ہولناک ٹکراؤ دکھایا گیا ہے۔ ادھیرا (سنجے دت) جو کولار کان کے اصل فوت شدہ مالک کا بھائی ہے اور کان کو اپنی ملکیت باور کرتا ہے، ملک کی وزیر اعظم رمیکا سین (روینہ ٹنڈن) اور کے۔جی۔ایف سلطنت میں کام کرنے والے پندرہ لاکھ مزدوروں کا مسیحا راکی (یش)۔ ادھیرا کی ضد ہے کہ وہ راکی کو ختم کر کے دوبارہ کے۔جی۔ایف کو اپنے قبضے میں لے آئے اور وزیر اعظم کا مسئلہ یہ ہے کہ وہ ریاست کے اندر کوئی علیحدہ ریاست کو برداشت کرنے کی قائل نہیں ہیں۔ اقتدار کی ہوس کی اس جنگ میں کسے فتح حاصل ہوتی ہے اور کون شکست کھاتا ہے، تقریباً پونے تین گھنٹے کی اس کمرشیل فلم میں وی۔ایف۔ایکس کے کمالات اور بھرپور ایکشن فلم بینوں کی توجہ حاصل کرنے میں

کامیاب رہے۔ ہدایت کار پر شانت نیل نے فلم میں تشدد کی بھرمار دکھائی ہے اور اس کا جواز بھی وہ فلم کے ہیرو راکی کے مکالموں کے ذریعے پیش کرتے ہیں: "تشدد، تشدد، تشدد۔۔۔ میں پسند نہیں کرتا لہٰذا بچتا ہوں، مگر تشدد مجھے پسند کرتا ہے جس سے میں بچ نہیں سکتا"۔۔۔ اور "میری دوستی کے لائق کوئی یار نہیں، میری دشمنی جھیل سکے ایسی کوئی تلوار نہیں"۔ ادھیرا کی گینگ کے ساتھ مشین گنوں کی جنگ ہو، یا پولیس اسٹیشن پر راکی کا حملہ یا ملک کی پارلیمنٹ پر راکی کی یلغار یا پھر ادھیرا کے ساتھ دو بدو لڑائی، ایسے مناظر شاید موجودہ دور کی بلاک بسٹر فلموں کا ٹرینڈ بن چکے ہیں جن میں پشپا، ماسٹر، وکرم، آر آر آر سبھی شامل ہیں۔ باہوبلی-۲ (۱۴۰۰ کروڑ) کے بعد ہندوستان کی سب سے زیادہ آمدنی (۱۰۰۰ کروڑ) حاصل کرنے والی اس فلم کو کنڑ کے ساتھ تلگو، تمل، ملیالم اور ہندی میں بھی ڈب کرکے پیش کیا گیا ہے۔

(۴) ۲۰۲۲ء:

تلگو فلم: آر آر آر (ریلیز: مارچ)، IMDb : 8.0

جنوبی ہند کے مایہ ناز ہدایت کار ایس ایس راجامولی نے جب باہوبلی:۲ (ریلیز: اپریل ۲۰۱۷ء) پیش کی تو اس نے باکس آفس پر تہلکہ مچا دیا تھا، ۱۴۰۰ کروڑ کی آمدنی کے ساتھ یہ ملک کی پہلی فلم ثابت ہوئی۔ اس کے بعد راجامولی ہی کی دوسری فلم "آر آر آر" نے بھی ریکارڈ قائم کیا اور تقریباً ۹۴۵ کروڑ کی آمدنی کے ساتھ ملک کی تیسری زیادہ کمائی والی فلم کے درجہ پر فائز ہوئی۔ فلم کی کہانی چاہے کچھ رہی ہو مگر کسی بھی خیالی داستاں کو ناقابل یقین واقعات کے سہارے اور تزک و احتشام کے ساتھ وی۔ایف۔ایکس کا استعمال کرتے ہوئے سیلولائیڈ پر بہترین طریقے سے فلم پیش کرکے عام فلم بین کو "پیسہ وصول" ضمانت دینے کا ہنر راجامولی کو بخوبی آتا ہے۔ فلم تھیٹروں سے ہر چند اٹھ گئی ہو مگر او۔ٹی۔ٹی پر اب بھی فلم کو اسی ذوق و شوق سے دیکھے جانے کا سلسلہ جاری ہے۔ عصر حاضر کے تلگو سینما کے دو بڑے اداکاروں کو کسی فلم میں اکٹھا کرنا ایسا ہی ہے جیسے بالی ووڈ کے تینوں خان میں سے کسی دو کو کسی فلم میں متوازی سطح پر رول فراہم کیا جائے۔ ایسا ہی ناقابل یقین کارنامہ راجامولی نے

متذکرہ فلم میں کر دکھایا ہے۔ اگر فلم کے پہلے نصف میں بھیم (جونئر این۔ٹی۔ آر) اپنی اداکارانہ صلاحیتوں کا مظاہرہ کرتا نظر آتا ہے تو دوسرے نصف کا بار رام (رام چرن) نے بڑی مہارت اور خوش اسلوبی سے اپنے کندھوں پر اٹھایا ہے۔

اٹلانٹا (امریکہ) میں مقیم قلمکار اور فلم تجزیہ نگار این صدرالدین بھایانی نے یہ درست لکھا ہے کہ۔۔۔۔ "فلم بینی و فلم سازی کے دو نظریات ہوتے ہیں: (۱) تفریح، انٹرٹینمنٹ، منور نجن اور (۲) حقیقت نگاری، سماجی و اخلاقی تعلیم و تربیت، پروپیگنڈا۔ اگر فلم بینی کا مقصد خالصتاً تفریح طبع ہے تو پہلی فرصت میں 'آر آر آر' کو دیکھنا چاہیے۔ فلم کا اسکرین پلے، ہدایت کاری اور عکاسی نہ صرف عمدہ ہے بلکہ ہالی ووڈ فلموں کے معیار کی یوں ہمسری کرتی ہے کہ پوری فلم کے دوران فلم بین کا دھیان مکمل طور پر فلم ہی کی جانب مرکوز رہتا ہے"۔

فلم کی کہانی ۱۹۲۰ء کے ہندوستان میں انگریز راج کے پس منظر میں فلمائی گئی ہے۔ انگریز گورنر کی اہلیہ ایک قبائلی لڑکی کو اس لیے قید کر لیتی ہے کہ وہ ہتھیلی پر خوبصورت گل بوٹے بنانے کے ہنر سے آشنا ہے۔ اب اس لڑکی کو رہا کروانے کی خاطر دو ہیرو میدان میں اترتے ہیں۔ اور اس میں کوئی شک نہیں کہ دونوں ممتاز اداکاروں نے اپنے اپنے رول سے مکمل انصاف کیا ہے، ہاں دونوں کی اداکاری کے موازنے میں انیس بیس کا فرق ہو سکتا ہے۔ ایک ہالی ووڈ تجزیہ نگار نے ایکشن کے حوالے سے اس فلم کا موازنہ ہالی ووڈ کی مقبول ترین فلم "بن ہر [Ben Hur]" سے کیا ہے۔ ایک اور تجزیہ نگار نے اسے محیر العقل فلم قرار دیتے ہوئے لکھا ہے کہ متحرک کیمرہ ورک، ہلچل مچانے والے ہجوم کے مناظر، وسیع تر سیٹ ڈیزائن، مہنگی ترین وی۔ایف۔ایس ٹیکنالوجی اور بلند آواز کے اثرات اس فلم کو یقیناً ایک بڑی فلم بناتے ہیں۔

۲۰۲۲ء:(۵)

ملیالم فلم: بھشما پرَوَم (ریلیز: مارچ)، 7.7 : IMDb

مموتی (اصل نام: محمد کُٹی پناپر مبل اسماعیل) (پیدائش: ۷ ستمبر ۱۹۵۱ء، کوچن) ملیالم سینما کے مایہ ناز

اداکار باور کیے جاتے ہیں جنہوں نے اب تک تقریباً ۱۲۵ سے زائد فلموں میں نمایاں کردار نبھایا ہے اور ان کی ۲۵ سے زائد فلمیں بلاک بسٹر ثابت ہوئی ہیں۔ ملیالم کے علاوہ انہوں نے چند تمل، تلگو، کنڑ اور ہندی فلموں میں بھی کام کیا ہے۔ سال رواں ۲۰۲۲ء میں انہوں نے تقریباً سات (۷) فلمیں کی ہیں جن میں سے تین ریلیز ہو چکی ہیں۔ مارچ ۲۰۲۲ء کے پہلے ہفتے میں ریلیز ہونے والی فلم "بھشما پروم (بھشما کا باب)" ایک ایکشن تھرلر فلم ہے جس میں مموتی نے کوچی شہر کے ایک مشہور کاروباری گھرانے انجوتی کے سربراہ اعلٰی کا کردار نبھایا ہے۔ ۱۲۵ کروڑ کی ورلڈ وائڈ آمدنی کے ساتھ اس فلم نے باکس آفس پر تیسری بڑی ملیالم فلم کا درجہ حاصل کیا ہے۔

کاروباری گھرانے انجوتی کے متوفی سربراہ کی پہلی اولاد کے قتل پر جب اس کا انتقام قاتلوں کو ختم کر کے تیسرے بیٹے مائیکل (مموتی) نے لیا تب ہی گویا اس نے خاندان کی سربراہی کا مکمل نظام بھی سنبھال لیا تھا۔ مگر خاندان کے دوسرے ناکارہ بیٹے کی تیز و طرار اولاد مائیکل کی خاندان پر گرفت کو تسلیم کرنے سے منکر رہی۔ خاندانی موشگافیوں اور مسائل کو سلجھانے کے دوران مائیکل کو اندازہ ہوتا ہے کہ کس طرح خود اس کے خاندان میں اس کے خلاف مورچہ بنانے کی خاطر اس کے کچھ اہل خانہ نے بمبئی کے مافیا ڈان راجن کا تعاون حاصل کیا ہے۔ فلم میں نہ وی۔ایف۔ایکس کا چمتکار ہے اور نہ موجودہ دور کا گن کلچر، بلکہ فلم دراصل بیسویں صدی کی آٹھویں دہائی کے اواخر کے زمانے کو بیان کرتی ہے۔ اس لحاظ سے فلم کا ایکشن بھی تقریباً ویسا ہی ہے جیسا نوے کی دہائی کی بالی وڈ فلموں میں بتایا جاتا رہا ہے۔ مائیکل کے گینگسٹر والے کردار کو دیکھ کر جیکی شراف کی ایک فلم "انگار" (ریلیز: ستمبر ۱۹۹۲ء) کی یاد آتی ہے جس میں تقریباً اسی طرز کا کردار ایک گینگسٹر گھرانے "خان" کے سربراہ اعلٰی کے بطور قادر خان نے نبھایا تھا۔ چہرے کے تاثرات، ڈائیلاگ ڈیلوری اور بدنی حرکات کے حوالے سے مموتی کی کردار نگاری جہاں غیر معمولی ہے وہیں فلم میں مائیکل کے بدمزاج بھتیجے 'پیٹر' کے رول میں شائن ٹام چاکو نے بھی اپنی اداکارانہ صلاحیتوں کا عمدہ مظاہرہ پیش کیا ہے۔

☆ ☆ ☆

اگر چہ فلموں کو معاشرے کا آئینہ کہنے میں مجھے تامل ہے ، لیکن فلمیں معاشرے سے بالکل الگ تھلگ بھی نہیں ہوتیں۔ انھیں محض تفریح کا ایک ذریعہ سمجھ کر نظر انداز بھی نہیں کیا جا سکتا۔ اگر ہم تھوڑی دیر کے لیے ہی سہی، اس بات پر غور و فکر کریں کہ آخر اس پر چھائیں کی دنیا میں ایسی کون سی مقناطیسی کشش ہے جس کے سبب لوگ سنیما کو اپنی زندگی سے بہت قریب محسوس کرتے ہیں تو شاید ہمیں اس فن کا جواز اور اس کی اہمیت کا اندازہ ہو جائے گا۔

فلمی صحافت کی تاریخ اتنی ہی پرانی ہے جتنی سنیما کی تاریخ، لیکن افسوس کی بات یہ ہے کہ اس کے تئیں ادیبوں کے بے حس رویے نے فکری دنیا اور سنیما کی درمیان ایک گہری خلیج پیدا کر دی ہے۔ ہمارے بیشتر ادیب سنیما پر گفتگو کا ایک نیا معیار قائم کرنے کے بجائے روایتی کسوٹی پر اسے پرکھ کر خارج کرتے رہے ہیں ، نتیجتاً اس میں اوسطیوں کی گنجائشیں بڑھتی چلی گئیں۔ مکرم نیاز کی زیر نظر کتاب جو فلمی تبصروں پر مشتمل ہے، اس خلیج کو کسی حد تک کم کرتی نظر آتی ہے۔ مکرم نیاز ایک افسانہ نگار بھی ہیں، یعنی وہ ادیب بھی ہیں، چنانچہ ان کے تبصروں میں وہ سطحیت اور عامیانہ پن بالکل نظر نہیں آتا جو مثلاً عام فلمی مبصروں کا طرۂ امتیاز ہے۔ مکرم کے تقریباً ہر تبصرے میں وہ ناقدانہ رفعت نظر آتی ہے جنھیں گلیمر زدہ مبصر نہیں دیکھ پاتا۔ میرے خیال میں ان کی زیر نظر کتاب اردو کی فلمی صحافت، جو "شمع" کے بعد تقریباً ختم ہو گئی تھی، کے از سر نو آغاز کا اعلان ہے۔

:اشعر نجمی

(مدیر اعلیٰ، کتابی سلسلہ "اثبات")